O rádio na vida e na obra
de Orlando Duarte

Dados Internacionais de Catalogação na Publicação (CIP)
(Câmara Brasileira do Livro, SP, Brasil)

Duarte, Orlando
Na mesma sintonia : o rádio na vida e na obra de Orlando Duarte / entrevista a Chico Barbosa. – São Paulo : Editora Senac São Paulo.

Bibliografia.
ISBN 978-85-7359-722-6

1. Duarte, Orlando, 1952- 2. Radialistas – Brasil – Biografia 3. Radialistas – Brasil – Entrevistas 4. Rádio – Brasil – História I. Barbosa, Chico. II. Título.

08-05907 CDD-791.44092

Índices para catálogo sistemático:

1. Radialistas : Biografia e obra 791.44092
2. Radialistas : Entrevistas 791.44092

O rádio na vida e na obra
de Orlando Duarte

Entrevista a **Chico Barbosa**

Editor: Marcus Vinicius Barili Alves (vinicius@sp.senac.br)

Coordenação de Prospecção e Produção Editorial: Isabel M. M. Alexandre (ialexand@sp.senac.br)
Supervisão de Produção Editorial: Izilda de Oliveira Pereira (ipereira@sp.senac.br)

Preparação de Texto: Luiz Guasco e Pedro Barros
Revisão de Texto: Edna Viana, Ivone P. B. Groenitz, Luiza Elena Luchini
Projeto Gráfico e Editoração Eletrônica: Fabiana Fernandes
Capa: Fabiana Fernandes
Foto da Capa: Orlando Duarte durante a Copa do Mundo da Espanha, 1982
Fotos do Miolo: Acervo do autor
Impressão e Acabamento: Corprint Gráfica e Editora Ltda.

Gerência Comercial: Marcus Vinicius Barili Alves (vinicius@sp.senac.br)
Supervisão de Vendas: Rubens Gonçalves Folha (rfolha@sp.senac.br)
Coordenação Administrativa: Carlos Alberto Alves (calves@sp.senac.br)

Pesquisa, Entrevista e Edição de Texto: Chico Barbosa/CB News

Editora Senac São Paulo
Rua Rui Barbosa, 377 – 1º andar – Bela Vista – CEP 01326-010
Caixa Postal 1120 – CEP 01032-970 – São Paulo – SP
Tel. (11) 2187-4450 – Fax (11) 2187-4486
E-mail: editora@sp.senac.br
Home page: http://www.editorasenacsp.com.br

Sumário

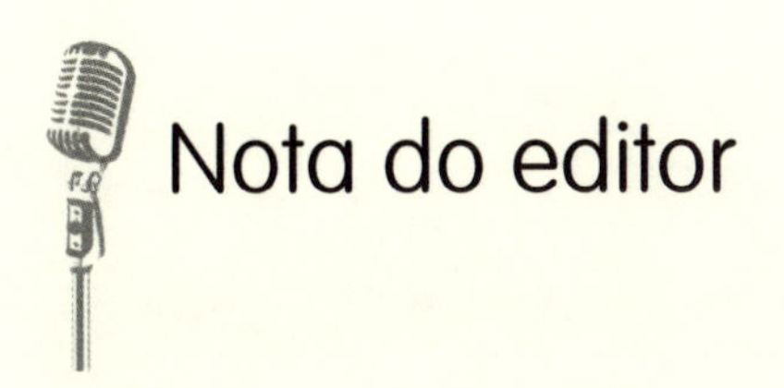

Nota do editor

A implantação da radiodifusão no Brasil é pontuada por iniciativas verdadeiramente empreendedoras, encabeçadas por pessoas que não mediram esforços para tornar o rádio um meio de transmissão de cultura e informação.

Em *Na mesma sintonia*, Orlando Duarte, um veterano da locução esportiva, relata o fascínio que o rádio desde sempre lhe despertou, determinando uma escolha profissional que o colocou em contato com pioneiros de segmentos da radiofonia, como o humor e a notícia, e que mais tarde migraram para a televisão.

Além de oferecer informação técnica, essa publicação do Senac São Paulo convida o leitor a conhecer de perto a história do mais popular meio de comunicação da atualidade, revelando-o em permanente expansão e evolução.

Bravo!

Bem sabemos que não se esgotará a história das grandes descobertas e dos momentos marcantes que se vive no mundo em algumas linhas, em uma entrevista, em um papo entre amigos ou ainda em um livro. Portanto, isso vale também para o desafio de relembrar a chegada do rádio a nossas vidas. O que podemos fazer, principalmente para aqueles apaixonados por esse meio de comunicação, como eu fui e sou, é pinçar alguns aspectos que possam ilustrar quanto a invenção de Marconi tem sido importante nas nossas vidas desde os primórdios do século passado, notando que, apesar de tanta evolução, o rádio ainda não tem 100 anos.

É preciso relembrar que muita gente importante fez parte dessa história de várias maneiras, como escritores, locutores, apresentadores, músicos, atores, políticos, diretores de comunicação, poetas. Todo esse trabalho foi desenvolvido com uma nobre missão: infor-

Orlando Duarte recebe Prêmio Roquette-Pinto, em 1961.

mar e entreter o ouvinte. Muitos livros foram escritos e muitos outros ainda o serão, e em cada um deles descobriremos coisas novas, frases, contos e histórias de vida peculiares. É por essa razão que digo que o assunto jamais se extinguirá, uma vez que cada um tem a sua história, sua relação com o veículo e com os personagens que nele estiveram e estão.

Nunca é demais lembrar: o rádio surgiu em 1922, e tão logo nasceu já se tornou esse, por assim dizer, mágico instrumento de entretenimento e utilidade. Muitos não tiveram a oportunidade que tive de fazer rádio e respirar o outro lado dele que enviava o som, mas certamente todos nós somos ouvintes. E quem viveu essa descoberta e toda sua evolução tem certeza absoluta de ter vivido em um tempo diferenciado.

Fui criança do interior de São Paulo, em Rancharia, e ficava enlouquecido com a magia do rádio, que dentro de minha casa trazia notícias do mundo. Da cidade grande, de São Paulo, do Rio de Janeiro e da famosa Rádio Nacional. Trabalhei na rádio de minha cidade, e a vida é tão linda que me colocou diante de muitos daqueles que entraram em minha casa apenas com a sua voz, mas que me tocaram com o coração, a inteligência, a leveza e a sabedoria no falar e contar suas histórias, formando minha opinião e gosto diante de uma vida. Espero conseguir transmitir a você, leitor, um pouco do que vivi e experimentei, uma vez que tive, sem dúvida, grandes experiências. Espero também que meu relato tenha o condão de mostrar um pouco mais deste veículo sensacional e importante para nossa sociedade.

Que os mais jovens se interessem por tudo isso, e possam entender o amor que temos pelo rádio.

Aos mais velhos, que recordem, pois será uma delícia dividir os tempos divertidos, felizes e marcantes de um instante de evolução definitiva.

O rádio é, foi e será uma grande paixão, e temos de aprender a admirá-lo pelo lugar que ele tem ocupado no nosso dia-a-dia durante tantas décadas.

Para você, meu amigo e companheiro rádio, infinitos aplausos!

O Nobel e o bruxo

Vamos começar exatamente do começo: Benjamin Franklin, em 1780, animou a todos os jovens cientistas com sua descoberta revolucionária – a eletricidade. Isso fez com que James Maxwell, em Cambridge, na Inglaterra, em 1893, apresentasse uma teoria nos seus estudos de física, analisando a questão das ondas eletromagnéticas. A tese se baseou em experimentos anteriores de Orsted, Faraday e Ampère. Um time que contava ainda com Volta, criador da pilha elétrica.

Na Alemanha o jovem Henrich Hertz também se envolveu nesses trabalhos, e, sem dúvida, foi ele quem desenvolveu o princípio de propagação radiofônica. Hertz resumia as análises provando que ondas eletromagnéticas podiam levar energia pela atmosfera. Essa seria a base não apenas do rádio, mas também abriria caminho para o que depois conheceríamos como TV, celular, satélites, computador, etc.

O Prêmio Nobel de Física Marconi, em 1895, transmitiu sinais do código Morse, sem uso de fios.

O padre brasileiro Landell de Moura, apaixonado por física e química, foi um dos precursores da comunicação sem fio no Brasil.

A nós, entretanto, interessa o assunto rádio, revolucionário quando surgiu e até hoje empolgante.

Em 1895, em Bologna, na Itália, o estudante Guglielmo Marconi, nos jardins de casa, brincando como uma criança inteligente, transmitiu sinais do código Morse, sem uso de fios. No ano seguinte, esse então garoto foi morar com a família na Inglaterra e pôde desenvolver novos estudos. Treze anos depois, em 1909, ganharia o Prêmio Nobel de Física.

Em 1932, Marconi, na presença do Papa Pio XI, instala no Vaticano o primeiro sistema permanente de radiocomunicação, ligando o Vaticano à residência de verão de Sua Santidade.

Transmissor de ondas curtas do laboratório de Marconi, em 1924.

Antes disso, contudo, em 1904, o brasileiro Roberto Landell de Moura, nascido em Porto Alegre, em 1861, patenteava em Nova York os seus inventos: telefone sem fio, telégrafo sem fio e outros. Landell também era apaixonado por física e química desde criança. Conheceu Marconi em Roma quando lá estudava, na Universidade Gregoriana. O jovem brasileiro servia a Igreja Católica como padre. Quando voltou ao Brasil, em 1892, foi vigário em São Paulo, Campinas e Santos. Não refreou nunca seu desejo de "descobrir como cuidar das riquezas" da natureza. Fez experiências importantes. Testou, dos altos de Santana, Zona Norte de São Paulo, o telefone sem fio, emitindo sons captados na avenida Paulista. Isso foi bem antes de Marconi.

A Diocese nunca aplaudiu ou apoiou os movimentos de Landell de Moura. Em 1905, depois de registrar suas descobertas nos Estados Unidos, ele voltou ao Rio de Janeiro. Ofereceu ao governo brasileiro suas patentes do transmissor de ondas eletromagnéticas, do telefone sem fio e do telégrafo. O então presidente da República, Rodrigues Alves, parece não ter entendido a oferta, e disse que falaria com ele proximamente. Isso não aconteceu...

Marconi foi Nobel e Landell foi aqui considerado lunático, um bruxo. Morreu em triste anonimato, cercado por alguns amigos e familiares, em 30 de julho de 1928, em Porto Alegre. Na Europa, Marconi foi Nobel, reconhecido, respeitado, aplaudido. Aqui, no Brasil, não souberam reconhecer os méritos de Landell de Moura. O único aspecto positivo desse fato é que os feitos do brasileiro não ficaram como uma lenda. Os registros, números e datas das patentes, felizmente, são reconhecidos nos Estados Unidos.

Para nós o rádio nasceu com esse time todo, uma descoberta dependendo da outra.

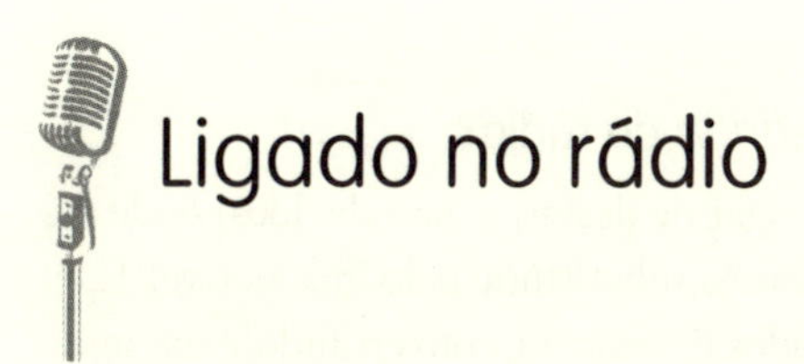

Ligado no rádio

A descoberta do meio que revolucionaria a comunicação do século XX e marcaria a carreira do futuro comentarista esportivo

O rádio sempre fez parte da sua vida?

Quando nasci, em 1932, esse veículo tinha exatamente dez anos no Brasil. Quer dizer, era incipiente, estava começando, embora já fosse o grande contato das pessoas com a música, com a novela, com as notícias, com o mundo em geral. Sempre estive muito ligado ao rádio, emocional e existencialmente.

Como o rádio foi ganhando popularidade?

As coisas iam acontecendo devagar. Nasci em Rancharia, interior de São Paulo, uma cidade pequena e longe de ser rica. Para você ter uma idéia, lá, quem tinha um rádio era bem de vida, quem tinha uma geladeira estava muito bem e quem tinha um carro era milionário.

Orlando Duarte, entre o pai e as irmãs, desde cedo foi incentivado a se aventurar no mundo dos esportes.

Mas qual foi o impacto da chegada do rádio?

Grande. Tanto que ele ocupava o lugar de destaque na sala, local onde era ouvido. Havia o rádio Capela, só depois substituído pelo indefectível Telefunken... A certa altura da noite, todos ficavam ali, conversando, esperando para saber dos últimos acontecimentos no mundo... E não era um fenômeno de Rancharia, sabidamente uma cidade de comportamento interiorano. A influência do rádio nos centros urbanos também era muito grande. Andando pelo Rio, por São Paulo, era comum se dar com rodas de mulheres discutindo as novelas.

Qual é a imagem mais longínqua desse tempo do rádio que ficou na sua memória?

Lembro do meu pai, na época da Segunda Guerra Mundial, reunindo-se com amigos para conversar. Curiosamente, eram um italiano, um japonês, um alemão e ele, de Portugal. Ficavam todos ali, discutindo os desdobramentos do conflito, que era transmitido pela BBC, por volta de 1940. Um bate-papo descontraído, mas que não saiu barato: meu pai acabou sendo indiciado porque tudo levava a crer que ele era o líder de um núcleo de resistência contra o Brasil. Isso até pela ascendência de cada um. Era um equívoco. Todos se sentiam brasileiros, moravam no Brasil.

Seu pai ouvia muito rádio?

Ouvia, mas mais noticiários. Ele acompanhava bastante também o torneio de futebol entre paulistas e cariocas. Era uma competição muito disputada, equilibrada. E ouvia esses jogos por um motivo muito especial, ao menos para mim: eu ia jogar futebol e pedia para ele anotar os resultados para depois eu anunciar no serviço de alto-falantes da cidade.

Chassi do rádio valvulado Zenith 1, da década de 1930.

Um time de craques

O rádio não surgiu da idéia de uma pessoa apenas; isto é, para chegar até onde chegou, muitos caminhos foram percorridos, por muitos desbravadores. Podemos dizer, usando uma maneira fácil de explicar, que o nobel Marconi e o bruxo Landell deram o pontapé inicial, mas paralelamente outros geniais personagens estavam trabalhando sobre o mesmo assunto.

Em 1864, o físico escocês James Vlerck Maxwell lançou a teoria da onda luminosa que se propagava pelo espaço vazio atraída pelo éter. Maxwell morreu sem provar no campo experimental a sua tese, matematicamente comprovada. A Universidade de Berlim ficou com o crédito de ter avançado nas teorias de Maxwell nessa tão importante descoberta.

Em 1887, o jovem alemão Henrich Rudolf Hertz construiu um aparelho que produzia correntes alternadas e variáveis. Eram as "ondas hertzianas", que viajavam à velocidade da luz, a 300 mil km/s.

A conquista de Hertz é vista em Bologna por Marconi, que queria transmitir sinais pelas ondas hertzianas e, em 1885, criou uma antena que tornou possível guiar as ondas pelo espaço.

Marconi aprofundou seu trabalho ano após ano. Suas descobertas foram muito importantes para o desenvolvimento da radiotelegrafia. Fez a transmissão de uma regata, por radiotelegrafia, em dezembro de 1901, no Canal da Mancha. Passava os sinais em código Morse para Kingston, e dessa estação receptora as notícias seguiam por telefone para a redação de um jornal em Dublin, na Irlanda. O telégrafo sem fio estava consagrado, e o esporte era, pela primeira vez, assunto de uma transmissão, graças a Marconi.

Outro momento importante do início da radiodifusão foi a criação por Reginald Audrey Fessenden, em 1906, de um microfone para que a voz fosse transmitida pelas ondas controladas pelos inventos de Marconi. Já as primeiras válvulas surgem em 1908, em decorrência do trabalho de Joseph John Tompson, Thomaz Alva Edison, Lee de Forest, Erving Langmuir e John Ambrose Fleming. No mesmo ano, cientistas da Bell Telephone System demonstraram a eficiência da válvula ampliadora de onda radiofônica, e uma transmissão sonora feita da Torre Eiffel, em Paris, pôde ser ouvida em Marselha, no sul da França.

A válvula é um dispositivo amplificador e retificador de sinais que aumenta a potência de transmissores e de receptores. Foi substituída, a partir do final dos anos 1940, pelo transistor. Ainda existem transmissões de ondas médias e curtas em que se utilizam válvulas, componente eletrônico que teve muitas funções.

Ao lado desses progressos, inaugurou-se em 1907 o serviço telegráfico entre Estados Unidos e Inglaterra, por meio de cabo submarino. Esse tipo de cabo telefônico, normalmente feito de aço, recebe proteção mecânica adicional, própria para instalação sob a água, em rios, baías e oceanos. Até hoje esse dispositivo é utilizado, principalmente em redes internacionais de telecomunicações e em países providos de costas com dimensões continentais, como o Brasil.

Muito embora haja divergências quanto às datas, o primeiro cabo submarino telegráfico de que se tem notícia foi lançado em 1851, no Canal Inglês de Dover. Em 1858, surgiu o cabo submarino metálico transatlântico, interligando a América do Norte e a Inglaterra. Só que o sistema era lento, dispondo de uma largura de banda capaz de transmitir apenas duas palavras por minuto. Por isso, seu funcionamento foi efêmero. O primeiro cabo submarino transatlântico eficiente entrou em operação em 1866. Dali em diante, os cabos submarinos metálicos multiplicavam-se, mas ainda se limitavam à transmissão de mensagens telegráficas.

Em alto e bom som

As despretensiosas experiências com a locução e com as notícias esportivas do garoto que até então sonhava em ser médico

O trabalho no serviço de alto-falantes foi um passatempo?

Para mim era um pouco de tudo. O serviço era instalado na praça central e tinha a função de informar e também de fazer publicidade, gerar anunciantes e dinheiro. Entre uma e outra programação, eu entrava com o resultado dos campeonatos regionais. Isso me deu um grande treinamento para o futuro.

Como eram as instalações, a estrutura desse serviço?

O estúdio era básico, mas completo. Tinha mesas, discos, microfone, amplificador...

Orlando Duarte, em frente das irmãs, em Rancharia. A infância era dividida entre o futebol e o serviço de alto-falantes da cidade.

E o seu acesso, como se deu? Alguém o estimulou, perceberam em você alguma vocação?

Lembre-se, a cidade era pequena. Quem se interessava tinha o caminho aberto. O mercado não era enorme... Eu fiz tudo que pude, mas sem nenhuma intenção específica. Até porque eu queria ser médico.

Vocês ganhavam algum dinheiro?

Alguma coisinha, mas o que valia era a curtição, o aprendizado e o divertimento.

E você se identificou claramente com isso, logo de imediato?

Eu me identifiquei porque ouvia os programas das rádios Continental, da Mayrink Veiga, da Tupi, da Difusora, da Nacional... E sabia como eram feitos os boletins. Vários programas me estimularam, como o *Hora da Bola!*. E muita gente dizia que o meu noticiário era o mais popular.

Como foi sua evolução, depois da divulgação dos resultados de jogos de futebol?

Na verdade a gente fazia de tudo, até a hora da ave-maria, às 6 horas da tarde. Aliás, fiz muita locução de mensagens religiosas. Havia algumas pessoas que reclamavam, porque no domingo, quando elas queriam descansar, os alto-falantes estavam estridentes, jogavam o som naquela avenida, onde muita gente morava.

Panorâmica de Rancharia, em 1945. Na praça central da cidade interiorana, foi instalado o sistema de alto-falantes, no qual Orlando Duarte teria suas primeiras experiências com a locução.

Esses alto-falantes ficavam ligados o dia todo?

Do meio-dia à meia-noite. Porque você tinha muitos anúncios, de todos os gêneros, desde falecimentos, prestação de serviço público até música e notícias, claro. Ali foi anunciado o fim da Segunda Guerra Mundial, lembro como se fosse hoje: "Atenção, atenção, terminou a Guerra". Foi uma disparada de fogos de artifício, desfile pelas ruas, carros buzinando. Na verdade, esse serviço antecipou o rádio. Tanto que quando o rádio chegou ele foi morrendo, ainda que não por completo. Ele passou a ser utilizado como forma de comunicação itinerante. E isso se estende até os dias de hoje. Quer um exemplo clássico? "Pamonhas, pamonhas, pamonhas de Piracicaba..."

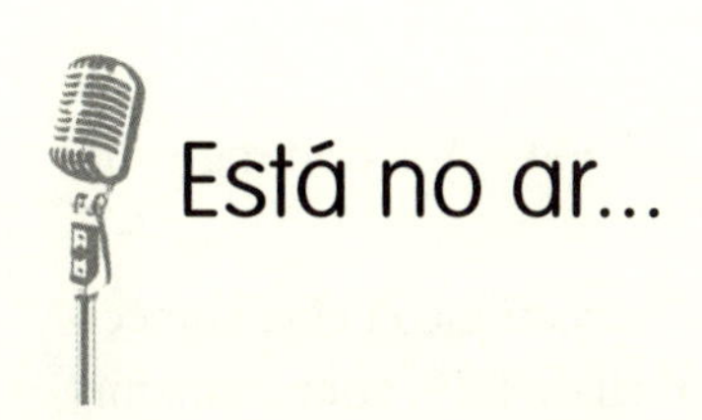

Está no ar...

As primeiras transmissões regulares de uma emissora local ocorreram na cidade de Pitsburgo, nos Estados Unidos, em 1920. Em novembro de 1922, a BBC começou a veicular sua programação. Também em 1922 tivemos a inauguração da transmissão oficial de radiodifusão no Brasil, por ocasião do centenário da Independência. Para celebrar esses festejos, uma grande exposição foi montada na Praia Vermelha, no Rio de Janeiro, com a participação de governos de vários países. E, como ponto de atração, foi levado ao ar o discurso do então presidente da República, Epitácio Pessoa. O transmissor de 500 watts foi instalado no alto do Corcovado, pelas empresas norte-americanas Westinghouse International Company e Western Eletric Company.

Os patrocinadores também se encarregaram de colocar por toda a área os alto-falantes. Com o apoio do Rio de Janeiro e da São Paulo Telephone Company, fizeram o mesmo em São Paulo, nas principais vias públicas, assim como no centro de Petrópolis e nas avenidas do município de Niterói.

Quando terminou a exposição, os equipamentos foram retirados da Praia Vermelha, mas permaneceu o transmissor do Corcovado, que acabou sendo utilizado pela primeira emissora. O governo da então Checoslováquia doou o pavilhão que ocupara durante o evento para a rádio que surgia, e a partir de 1924 ela começou a funcionar.

Naquele mesmo ano de 1922, já havia outra emissora no Rio de Janeiro, e as duas trabalhavam em caráter precário. O equipamento aquecia facilmente, e, para cada duas horas de transmissão, havia uma de desligamento para resfriar as válvulas.

Para os ouvintes, era difícil sintonizá-las. As emissoras acabaram por perceber que melhor seria se cada uma tivesse o seu dia de transmissão. Ficou estabelecido que uma operaria às segundas, quartas e sextas-feiras e a outra às quintas e aos sábados. Aos domingos não havia transmissão.

E como enquadrar a Rádio Clube de Pernambuco nesse começo? O que havia no Recife, a partir de 6 de abril de 1919, eram transmissões em circuito fechado, e a programação tocava discos emprestados pelos amigos e conhecidos. A emissora não tinha discoteca. As pessoas ouviam a transmissão em rádio receptor artesanal, com fones de ouvido.

Rádio mesmo, fundada com seu propósito definido, foi a Rádio Sociedade do Rio de Janeiro, em 20 de abril de 1923, por Edgar Roquette-Pinto, escritor e antropólogo, e Henrique Moritze, diretor do Observatório do Rio de Janeiro. Roquette-Pinto, que ganharia a denominação de Pai do Rádio, queria fazer uma rádio voltada para a cultura do povo, para esclarecer a gente de casa, para destacar a importância do progresso.

Tarefa difícil no Brasil da época. O controle de tudo estava nas mãos do Estado, e não se podia fazer publicidade, nem popularizar a emissora. As músicas eram escolhidas a dedo, e de preferência clássicas; as notícias eram muito cuidadosas e nada factuais, sempre contando coisas que não comprometiam o Estado. Somente anos depois é que veio um pouco mais de alegria e diversão, incluindo aí o "poder tocar" um belo samba.

Em 1922, ocorreu a inauguração oficial de radiodifusão no Brasil. Em curto tempo, o rádio passaria a fazer parte do cotidiano das pessoas.

Roquette-Pinto criou, com a emissora que surgia, um radioclube, em que os ouvintes eram associados e contribuíam com mensalidades para manter a emissora no ar. Na BBC de Londres, que também não veiculava anúncios publicitários, o dinheiro vinha de uma taxa que os vendedores de rádios cobravam dos adquirentes. No Brasil, por muitos anos, também era cobrado imposto ao possuidor de um aparelho receptor. Era o tempo do rádio não comercial.

É esse o rádio que conhecemos hoje como AM. E como é que surgiu a FM? Essa onda funcionava como uma linha privativa das emissoras para contatos com os transmissores e locais de transmissão. Foi Anna Khoury quem, em 1955, fundou no Rio de Janeiro a Rádio Imprensa, utilizando pela primeira vez no Brasil a transmissão em FM, a Freqüência Modulada. Ela, a "Mãe da FM", estimulou a indústria de receptores de FM, que naquela época inexistia no país.

A Rádio Imprensa teve logo um problema: ninguém queria fazer publicidade no veículo. Com a chegada de aparelhos especiais, isso foi mudando, pois eles eram alugados para clientes que ouviam música no ambiente de trabalho. Todos sabem que hoje, no mundo todo, principalmente no Brasil, as rádios FM deram um pulo gigantesco e têm uma posição destacada no meio radiofônico.

O rádio provocou uma rápida revolução em todo o mundo. A cada dia surgiam mais e melhores equipamentos. Os transmissores ganharam potência. Emissoras foram fundadas em todo o país. Começaram com a sigla PRA e um número. PR é abreviação de prefixo e o número é a ordem alfabética.

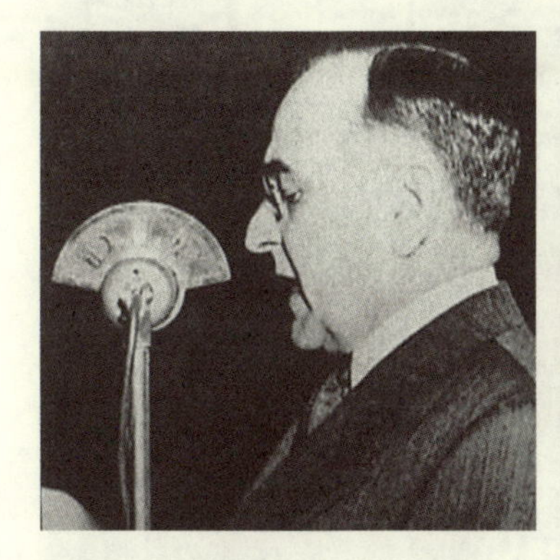

Em 1932, o presidente Getúlio Vargas baixou decreto autorizando as emissoras de rádio a veicular publicidade, medida que originou controvérsias.

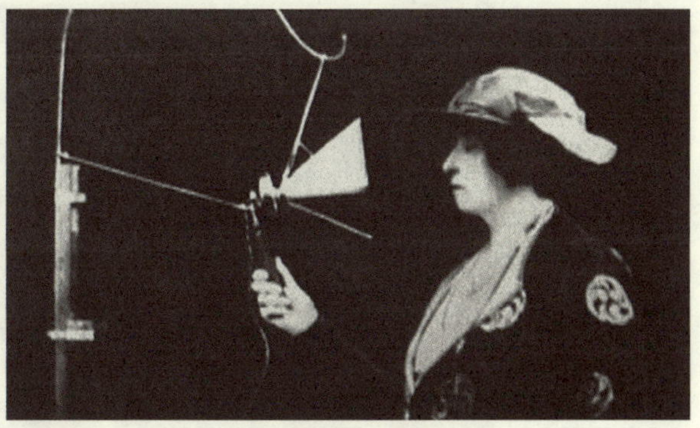

A então famosa prima-dona Nelie Melba canta no microfone aberto do Laboratório Marconi, em 1920.

Em 30 de novembro de 1923, surge, em São Paulo, na rua Carlos Sampaio, no Paraíso, a Rádio Sociedade Educativa Paulista, com os prefixos PR-E, depois PRA-6, que passou ao controle da Gazeta. A PR-E surgiu com o apoio dos condes Sylvio Penteado e Matarazzo, entre outros incentivadores, como a RCA – Victor Americana. A Rádio Gazeta foi tida por muitos anos como a emissora da elite, pois transmitia música clássica, mantinha orquestra com maestros consagrados e trazia ao Brasil artistas famosos, como Maria Callas, Benianimo Gigli, Tito Schipa. Seus maestros foram Guarnieri, Eleazar de Carvalho, Armando Balardi.

Os PRs foram substituídos por ZY, denominação que vigora até hoje. PR é a sigla que determinava a que emissora pertencia, seguindo-se a ordem alfabética. Exemplos: PRA-6, Rádio Gazeta; PRB-9, Rádio Record (São Paulo); PRE-8 Rádio Nacional (Rio de Janeiro), e assim por diante. O fato é que, baseando-se apenas nas letras do alfabeto, em um curtíssimo tempo não haveria espaço para todas as emissoras. Resolveu-se, então, alterar os PRs para ZY, sem limite de emissoras. Não há uma explicação para como se chegou ao ZY, mas é o que se usa atualmente. Todas as emissoras tiveram de adotar a nova sigla, inclusive as que eram PR, pois se tratava de uniformizar os prefixos.

Em 1903, a princesa de Gales visita complexo de antenas de Poldhu, um projeto de Marconi.

Nos anos 1930, o Brasil possuía 29 emissoras de rádio. Em 1932, o presidente Getúlio Vargas baixou decreto permitindo que as emissoras de rádio veiculassem publicidade. O documento provocou reações controversas. Os que defendiam o rádio educativo, cultural, acharam que ele ia perder muito com o avanço popular, principalmente na música. Eles queriam uma programação que não fugisse à base do que Roquette-Pinto criara. Queriam que o meio fosse educativo, de música de categoria clássica. Isso não adiantou. O rádio foi sendo modificado em seus conceitos a cada movimento da sociedade. A partir do decreto, surgiram emissoras em todo o Brasil. Nas décadas de 1940, 1950 e 1960 continuaram a surgir emissoras.

A primeira emissora

ZYV-7, a Difusora de Rancharia, entra em operação e começa a criar oportunidades para quem quer trabalhar no rádio

Os serviços de alto-falantes deram lugar a que rádio?

À ZYV-7, Rádio Difusora de Rancharia.

E você conseguiu trabalhar lá também?

Consegui. Fiz até programa de auditório. O diretor da rádio era grande amigo meu, inclusive tinha trabalhado no serviço de alto-falantes. Fui o primeiro a falar lá. Nem sonhava que viria a falar na Gazeta, na Jovem Pan, na Record, na Piratininga, na América, na BBC de Londres, na Rádio França Internacional, na Voz da América, dos Estados Unidos...

Orlando Duarte, em registro de 1950, quando se formou no antigo ginásio. Nessa época, ele faz a sua primeira incursão numa emissora de rádio, a ZYV-7, Difusora de Rancharia.

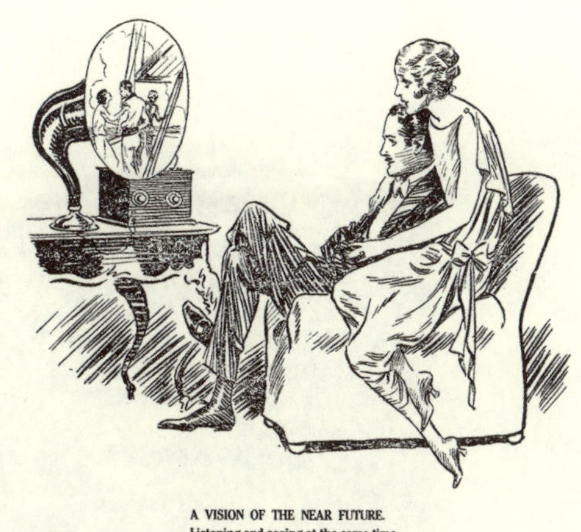

A VISION OF THE NEAR FUTURE.
Listening and seeing at the same time.

Charge publicada nos primórdios do rádio, antevendo a televisão, sob a qual se lê: "Uma visão do futuro próximo. Vendo e ouvindo ao mesmo tempo".

Você já via naqueles serviços de alto-falante uma vocação para trabalhar no rádio?

Não, não era consciente. Era mais uma diversão, com algo que estava presente na vida de todos ali.

Quantos anos você tinha?

Estava entrando na adolescência. Nessa mesma época, também foi a primeira vez na minha vida em que eu comentei em uma emissora. Foi em Presidente Prudente, na PRI-5, a Voz do Sertão, graças ao Mário Moraes. Jogavam Ranchariense e Corinthians de Presidente Prudente. Eu comentando ali era claramente uma voz de criança. O Mário Moraes foi homônimo do brilhante comentarista Mário Morais, com quem trabalhei na Bandeirantes e também do repórter Mário Morais, que trabalhava em *O Cruzeiro*. Eu já trabalhava em jornal. O Mário Moraes, locutor e comentarista esportivo, era dono do *Jornal de Rancharia* e acabou me convidando para lá narrar o jogo.

Um dos primeiros modelos de rádio de cabeceira.

O "Pai do Rádio"

O rádio não poderia ter melhor pessoa por intermédio de quem surgir no Brasil. Vale a pena saber um pouco sobre a vida de Edgard Roquette-Pinto, um estudioso, um intelectual nato, um apaixonado pela informação.

Edgard nasceu no Rio de Janeiro, em 25 de setembro de 1884. Sua família era pernambucana, e os primórdios da infância foram passados em uma fazenda próxima a Juiz de Fora, em Minas Gerais. Com 10 anos todos se mudaram para o Rio. Formou-se em medicina aos 21 anos, com brilhantismo. Fez exame para ser titular de cadeira de antropologia e foi aprovado com louvor. Em 1911, foi a Londres, representando o Brasil no Congresso de Raças. Voltou em 1912.

O espírito de querer saber sempre mais, ser pioneiro, levou-o a acompanhar o marechal Candido Mariano da Silva Rondon até Mato Grosso, onde teve contato direto com os índios e colheu farto material, inclusive fílmico. Graças a isso lançou o livro *Rondônia*, uma obra de valor indiscutível. O título, claro, homenageia Rondon, o homem que abriu estradas, criou condições para ligar o Brasil. O dia Nacional das Comunicações no Brasil é comemorado em 5 de maio, em referência a Rondon, que nasceu nessa data.

Roquette-Pinto amava o que fazia. Sempre foi otimista em relação ao Brasil e à sua gente. Em 1923, fundou a PRD-5, Rádio Escola Municipal da Prefeitura do Rio de Janeiro, que depois passou a ser Rádio Roquette-Pinto. Em 7 de setembro de 1936, a sua emissora foi entregue ao governo brasileiro, que a destinou ao Ministério de Educação e Cultura, como era seu desejo.

Esse genial personagem da vida brasileira também fez filmes. Fundou o Instituto Nacional do Cinema Educativo, dirigido por ele até 1947. Participou do filme *O descobrimento do Brasil*, com músicas de Heitor Vila Lobos. Fez um filme sobre arte marajoara, intitulado *Argila*.

Roquette-Pinto foi membro da Academia Brasileira de Letras, ocupando a Cadeira 17. Sempre dizia que o povo precisava de educação, e isso ele promoveu em todas as suas atividades. Na política foi um dos fundadores do Partido Socialista Brasileiro. Defendia o direito das mulheres, o amparo à criança e confiava no postulado de Fritz Müller, que dizia: "O pensamento deve ser livre como a respiração".

Roquette-Pinto deixou muitas lições, não só para o nosso rádio. Sobre esse veículo disse: "O rádio é o jornal de quem não sabe ler; é o mestre de quem não pode ir à escola; é o divertimento gratuito do pobre; é o animador de novas esperanças; o consolador dos enfermos; o guia dos sãos, desde que o realizem com espírito altruísta e elevado". Ele ainda dizia: "Só existe um meio de ser grato ao rádio: respeitar".

Em 1950 as Emissoras Unidas, de São Paulo, pertencentes ao dr. Paulo Machado de Carvalho, instituíram o Prêmio Roquette-Pinto, destinado a homenagear os melhores profissionais do rádio e da TV.

Autógrafo de Roquette-Pinto na capa de uma publicação sobre rádio

Repórter prematuro

Entre estúdios e microfones, começam as aventuras por redações de jornais impressos e pelas cabines de cinema

Você já escrevia sobre futebol?

Raramente. Naquela época eu escrevia sobre política e agricultura. Tinha uns 15, 16 anos. Na verdade era um interessado, um prematuro, gostava de tudo. E era uma situação que tinha o seu motivo de ser, já que, numa cidade pequena, tudo estava por ser feito. A minha única pressão, imposta por mim mesmo, era ver filmes. Eu tinha um cunhado que possuía um cinema;

Orlando Duarte, em 1950, quando se sentia o Totó, de *Cinema Paradiso*, tamanho seu encanto com a sétima arte.

então, eu ia para a cabine ajudar. Com isso assisti a um monte de filmes que não podiam ser vistos por crianças. Eu era como o Totó do *Cinema Paradiso*.

Quer dizer que o cinema foi...

... Minha abertura para o mundo, uma verdadeira janela...

A primeira grande paixão. Mais ainda que o futebol e o rádio?

Naquele tempo sim... Eu me apaixonei pelo cinema. Fiquei vidrado. Quando cheguei a São Paulo, pela primeira vez, soube que tinham quase seiscentas salas de exibição na cidade. Pensei: "Estou no céu", porque em Rancharia só havia uma...

A "Mãe das FMs"

Anna Khoury foi uma mulher a quem se poderiam atribuir os adjetivos mais expressivos. Teve tenacidade, foi combativa, perseguiu os seus objetivos com fibra.

Para o rádio do Brasil, ela foi de importância fundamental. Não só para a FM – Freqüência Modulada, como também para a AM – Amplitude Modulada. Seu sonho de criança: ter uma emissora de rádio. Para chegar a isso só a vontade de fazer, de concretizar, é que a levou ao sucesso. Os obstáculos foram muitos, a começar pela má atuação de brasileiros, em Atlanta, nos Estados Unidos, em convenção que tratava de distribuir os canais a serem utilizados pelas emissoras de rádio da América Latina.

Nossos representantes não pareciam entender bem do assunto e concordaram com o que foi estabelecido no tocante à potência que poderia ser usada por uma nação. Ocorre que Paraguai, Bolívia, Uruguai e outros países não precisavam dos 100 kW que lhes foram concedidos; na realidade, essa potência, se usada por eles, acarretaria um conflito de cobertura, interferindo nos sinais gerados por emissoras brasileiras para cobrir o imenso território nacional. Foi a primeira briga de Anna Khoury. Ela convenceu o presidente Dutra de que o assunto deveria ser tratado oficialmente com os bolivianos, paraguaios e argentinos, que não precisavam de tanta potência para suas emissoras.

Anna Khoury teve sucesso e assinou acordos bilaterais com a Bolívia, primeiro, e, depois, com o Paraguai e a Argentina. Uma pequena explicação: ondas de rádio de um país não deveriam prejudicar as emissoras dos países vizinhos. A Bolívia precisava apenas de 20 kW para ter todo o seu território coberto por emissão de rádio, o mesmo ocorrendo em relação ao Paraguai e à Argentina. Anna Khoury era boa negociadora e forneceu aos três países equipamentos para que pudessem iniciar as suas transmissões, em troca da redução da potência com que as rádios operariam em cada um deles.

Quem é que sabe disso? Acho que pouca gente. Anna Khoury tratou do assunto percorrendo toda a América do Sul e ainda trouxe para o Brasil a cessão de três canais exclusivos. Depois disso conquistou o direito de ter a sua emissora de rádio. Surgiu a Rádio Eldorado, que ela dizia ser a concretização de seu sonho dourado.

Entretanto, nem tudo foram flores para Anna Khoury. Houve um sócio que a traiu, o que a obrigou a ceder a emissora, embora Anna tenha ficado com o nome Eldorado. Para uma pessoa acostumada ao combate, uma derrota não era o fim da guerra. Em janeiro de 1955, Anna Khoury fundou, no Rio de Janeiro, a Rádio Imprensa FM, a primeira emissora do Brasil a usar a freqüência modulada. Por isso é que eu acho que, se Roquete Pinto foi considerado o "Pai do Rádio" brasileiro, Anna Khoury pode ser considerada a "Mãe das FMs do Brasil", com justiça.

A emissora transmitia música ambiente durante 24 horas por dia. Os interessados tinham de assinar o serviço desse canal exclusivo. Os receptores eram alugados e isso era muito bom para consultórios, escritórios, clubes... A Rádio Imprensa, de que Anna Khoury foi presidente, também criou o primeiro transmissor de FM construído no Brasil. Ao lado dessas realizações, Anna criou ainda a primeira indústria de rádios receptores de FM. Até 1976 a Rádio Imprensa era a única FM do país. Só vinte anos mais tarde houve o *boom* dessas emissoras.

Aprendiz de radialista

Primeiro emprego em São Paulo: selecionar notícias de esporte para a Rádio Cosmos, futura Rádio América

Seu pai tinha condições financeiras para pagar os seus estudos?

Em Rancharia estudei em escolas públicas. Quando vim para São Paulo, tinha uma mesada de umas tias de Portugal. Mas não dava para estudar medicina, porque precisava de dedicação total, plena, um custo alto. Então pensei: "O que faço agora? Preciso trabalhar". Aí, fui até a Rádio Cosmos, que depois se tornou Rádio América.

Nhô Totico, contemporâneo de Orlando Duarte na Rádio América, onde Orlando conquistou seu primeiro emprego em São Paulo.

Por que rádio, pela familiaridade que você já tinha com o meio?

Exatamente. E lá já comecei com esportes. Naquela época, o grande astro da emissora era o Nhô Totico, um dos maiores humoristas do rádio.

Você tinha algum conhecido lá?

De cara fui procurar o Arari Dias de Mello, que era o locutor esportivo.

O que você fazia, exatamente, na Rádio América?

Ajudava o departamento de esportes, abastecendo os locutores com informações.

Nesta época, quem eram os grandes locutores?

Roberto Corte Leal e Fontenele, ambos com pleno domínio sobre a discoteca, considerada o verdadeiro tesouro do rádio. No esporte, como disse, trabalhava o Arari Dias de Mello. O Araken Patusca, que foi jogador, comentava. Naquela época não se dava muito valor, ainda, ao repórter de campo. Eu abastecia a rádio com notícias que eu pegava de jornais e até de outras rádios. Mas essa experiência durou pouco, porque eu logo perguntei para o Arari: "Vai acontecer o quê, vou ser contratado?". Ele disse: "Calma, fica aqui, você já pode freqüentar o auditório do Nhô Totico". Percebi que era melhor eu ir cuidar da minha vida em outro canto... Isso foi no fim da década de 1940.

Vocação para informar

O rádio nunca perdeu e não perderá jamais a sua força como veículo de informação. Surgiu assim, informando. Não só por causa do discurso do presidente Epitácio Pessoa em 1922, na Feira Internacional do Centenário da Independência do Brasil, mas também em razão dos serviços que vem prestando desde então, ao longo dos anos, levando a notícia aos milhões de ouvintes de todo o país.

No entanto, há tempos ele não é mais o objeto principal da sala de todas as casas, pois perdeu essa posição para a TV. Em compensação, o rádio está nos automóveis, na cabeceira da cama, no banheiro, na cozinha, juntinho ao seu corpo, se quiser. Com o transistor, que substituiu as válvulas, está em todo lugar, inclusive na palma da sua mão.

Rádio e notícia sempre estiveram interligados. Na década de 1930 as emissoras que começavam a surgir dedicavam-se aos noticiosos. Nos anos 1940 a animação foi ainda maior. Lembro-me de que, ainda garoto, quando se ouvia o som do prefixo que anunciava o *Repórter Esso*, pela Rádio Nacional do Rio de Janeiro-PRE-8 – a mais potente do Brasil –, todos iam para próximo dos aparelhos para acompanhar o noticioso que era "O primeiro a dar as últimas...", conforme seu *slogan*.

Quando foi noticiada a rendição dos alemães, em 8 de maio de 1945, o Brasil vibrou. Era o fim da Guerra que tinha trazido para nós os racionamentos. O *Repórter Esso*, com Heron Domingues, marcou época, e a história desses noticiosos tem suas curiosidades.

A primeira transmissão do *Repórter Esso* foi realizada em 28 de agosto de 1941, pela PRE-8, Rádio Nacional do Rio de Janeiro. O locutor era Romeu Fernandes. O mesmo noticiário tinha transmissões locais em São Paulo, pela Record; no Rio, além da Nacional, pela Globo; pela Tupi, Difusora e Inconfidência, em Minas Gerais; pelo Jornal do Comércio, no Recife; e pela Farroupilha, em Porto

Alegre. Os locutores dos horários é que faziam a apresentação. Só depois é que se fixaram alguns nomes famosos na transmissão do *Repórter Esso*.

Na Record de São Paulo, tivemos o Casemiro Pinto Neto, o conhecido Bauru, assim chamado por ter inventado no bar Ao Ponto Chic, no Centro de São Paulo, esse sanduíche que ganhou fama entre os estudantes de direito do Largo de São Francisco. O primeiro a apresentar o *Repórter Esso* pela Record foi Artur Piccinini. Era o locutor do horário. Kalil Filho, Saint-Clair Lopes e Dalmácio Jordão, pela Tupi, e Rui Figueira e Roberto Figueiredo, pela Globo, também colocaram suas vozes nesses noticiosos. Na Farroupilha era o Lauro Haggemann. No Sul, por sinal, vivia Antonio Salgado, que ganhou o concurso para ser a voz única do *Repórter Esso*. Só que para isso teria de morar no Rio. Era o ano de 1944. Sua família não aprovou a mudança e Heron Domingues, segundo colocado, acabou sendo o escolhido, mantendo-se à frente do programa durante o seu apogeu, de 1944 a 1962. Era da Rádio Nacional, e todos ainda associam o seu nome ao *Repórter Esso*.

O fim do *Repórter Esso* se deu em 1968. Quem anunciou a última edição foi Roberto Figueiredo, pelas ondas da Rádio Globo, do Rio.

PURE INDIAN TEA

BRITAIN'S BEST BEVERAGE.

Weekly Dispatch

109TH YEAR

SUNDAY SPECIAL EDITION.

ESMOLIN

NEURITIS

No. 5.677.

SUNDAY, JULY 31, 1910.

ONE PENNY.

CRIPPEN'S LIFE AT SEA DESCRIBED BY 'WIRELESS.'

DETECTIVE INSTR DEW

MRS CRIPPEN — (MISS BELLE ELMORE)

H.H. Crippen.

THE DOCTOR'S FIRST WIFE MRS CHARLOTTE CRIPPEN

CAPT KENDALL

CRIPPEN'S LIFE AT SEA DAY BY DAY.

DESCRIBED BY CAPTAIN KENDALL OF THE MONTROSE.

FULL EXCLUSIVE "WIRELESS" TO "THE DAILY MAIL."

THE BOOKS CRIPPEN READS AND THE SONG HE LIKED.

WHY HE FAILED TO ANSWER THE NAME "ROBINSON."

MISS LE NEVE

NOTICE.

Em 1910, o *Weekly Dispatch* surpreende o mundo ao utilizar o rádio para comunicar ao comandante de um navio em pleno Oceano Atlântico a presença a bordo de um criminoso foragido da Scotland Yard.

Em 1939, a Tupi tinha o seu *Jornal Falado*. A partir de 1942, Corifeu de Azevedo Marques colocou no ar o *Grande Jornal Falado Tupi*, que ia ao ar à noite. O *Jornal Falado Tupi* surgiu graças aos esforços de Auriphebo Simões. O *Grande Jornal Falado Tupi* marcou época. Na década de 1940, tivemos o *Titulares da Notícia*, criado pelo Alexandre Kanduc, para a Bandeirantes, ainda operando na rua Paula Souza. Também fez história, como aconteceu com o *Record em Notícias*, de Wandick de Freitas e de gente como Fernando Vieira de Melo. Esse programa foi para a TV Record e mostrou que o rádio fora um celeiro de talentos. Foi ali, por exemplo, que apareceu o Reali Júnior.

O *Difusora Informa* tinha como destaque as reportagens de Carlos Spera e Almir Guimarães. Os dois fizeram reportagens que se tornaram famosas. Carlos Spera, torcedor do Palmeiras, era um homem inquieto, atrás da reportagem diferente. Trabalhou no Brasil e no Exterior. No Rio de Janeiro havia os programas da Globo e do *Jornal do Brasil*, ambos referência em informação.

Em São Paulo, a Rádio Jovem Pan, antes Rádio Panamericana dos Esportes, passava à informação, com a direção de Fernando Vieira de Melo. Foi um sucesso. As coberturas dos incêndios dos Edifícios Andraus – em 24 de fevereiro de 1972 – e principalmente do Joelma – em 1º de fevereiro de 1974 –, em que morreram 179 pessoas e 300 ficaram feridas, marcaram o repórter Milton Parron. Ele deu uma verdadeira aula de dedicação e capacidade, colaborando e sofrendo com a tragédia que comovia a todos. Nesse dia a *Hora do Brasil* não foi ao ar, por determinação do Ministério da Justiça, para que a Jovem Pan continuasse a sua transmissão, acompanhada no Brasil todo.

Milton Parron é um amante do rádio. Tive o privilégio de trabalhar com ele por mais de dez anos – um grande amigo que se destacou pelo amor ao seu trabalho. Milton cobriu, antes do triste acontecimento do Joelma, outros vários incêndios, mas nenhuma dessas reportagens o marcou tanto quanto essa.

Abrem-se as portas do jornalismo esportivo

O trabalho na grande imprensa ampliou os horizontes para o versátil profissional que mostrava talento para a análise de jogos

Da Rádio América você foi para onde?

Para o *Mundo Esportivo*, um tablóide impresso, no começo semanário e depois bissemanário. Fui fazer jornalismo escrito. Era um jornal escandaloso, que fazia uma cobertura sensacionalista. Quando o Corinthians ganhava, tinha títulos como: "Jesus ajoelhou-se aos pés de São Jorge". O dono era o Geraldo Bretas, o Goiano, um são-paulino.

Orlando Duarte (primeiro à direita), na redação da *Gazeta Esportiva*, em 1955, apresentando a maquete do estádio de beisebol construído no bairro do Bom Retiro. Da esquerda para a direita: Carlos Joel Nelli, diretor da Fundação Cásper Líbero; Morimassa Yokota, diretor da Federação de Beisebol; Olímpio da Silva e Sá, secretário da *Gazeta Esportiva* e presidente da Federação Paulista de Beisebol.

Como era o *Mundo Esportivo*, tinha redação, núcleo de repórteres?

Tinha, claro, ficava próximo da praça da Sé. Tinha redatores e um grupo que era contratado para certos eventos. Eu fui repórter.

Como você chegou ao *Mundo Esportivo*?

Eu tinha alguns amigos. Ali foi bom porque, logo em seguida, o Wilson Brasil, um dos maiores locutores esportivos e um comentarista de mão cheia, montou um outro jornal de esporte, também tablóide, o *Equipe*, e me convidou para trabalhar lá. Wilson Brasil teve uma carreira bem diversificada. Ele respondeu em *O Céu é o Limite* sobre Rui Barbosa, trabalhou em Portugal...

No *Mundo Esportivo* você escrevia sobre o quê?

Futebol. O jornal não cobria outros esportes, apesar do nome. Eu entrevistava, criava seções. Uma delas, de grande sucesso, foi "Aconteceu na área". Eu ficava perto do campo, ouvindo os jogadores conversarem e escrevia uma matéria.

E você já dominava o que acontecia ali nas quatro linhas, os esquemas táticos?

Eu joguei futebol a vida toda; era um apaixonado, acompanhava tudo. Sempre soube que a bola é redonda...

Orlando Duarte em 1960, na Redação da *Gazeta Esportiva Ilustrada*, onde foi diretor.

Futebol foi a sua porta de entrada para o esporte?

Foi. Francisco Franco, o Chiquito, que chegou a ser presidente da Assembléia Legislativa de São Paulo, foi prefeito de Rancharia. E, como jogou no São Paulo Futebol Clube, sendo campeão em 1931, ele abriu muito caminho para mim. Me apresentou o Geraldo José de Almeida, um dos maiores narradores de rádio e TV do Brasil. Pai do Luiz Alfredo, outro locutor. Ele criou termos, colocava apelidos: "Pelé, o Craque Café"; "Noronha, o Cobrinha"... Então, eu tinha facilidade de entrar nos campos, porque o Chiquito me ajudava.

O que mudou no ambiente esportivo daquela época para hoje? Os técnicos já eram chamados de professores?

Que nada! Eram todos humildes. Não tinham estrelas. Eles saíam para jogar sinuca com a gente, conversar...

E eles ganhavam bem em relação aos jogadores?

Alguns ganhavam bem, mas nada comparável aos contratos de hoje, que arrombasse os cofres dos clubes. Jogadores, alguns começaram a ganhar bem e foram arrastando outros para o mesmo caminho.

E a rotatividade de técnicos, era muito grande?

Não tanto. Houve técnicos que ficaram muito tempo no Santos, na Portuguesa, no São Paulo, no Palmeiras. Oswaldo Brandão, por exemplo, desfi-

Equipe de *A Gazeta* que cobriu a inauguração de Brasília. Da esquerda para a direita: Orlando Duarte, Sérgio V. T. Jorge, Nelson Bonafé e José Carlos.

lou pelos clubes. O mesmo ocorreu com estrangeiros como Filpo Nunes, Jim Lopes e Alfredo Gonzáles. O ambiente também era mais calmo e tranqüilo, mais fácil de trabalhar.

E a pressão de torcida, era a mesma?

Teve um período que era, mas palmeirense sentava ao lado de corintiano. Tinha uma ou outra rusga, mas nada de muito violento, como se tornou depois. Havia mais conscientização de respeito ao próximo.

Como foi a cobertura da sua primeira Copa, em 1950?

Era engraçado, porque não tinha essa tecnologia toda. A começar pela credencial, que era simples, uma espécie de papelão assinado pelo presidente da CBF. Você chegava ao Pacaembu e um cara na porta picotava, marcava para você não passar a entrada pra outro. Na hora de escrever, a gente usava as olivettis.

E você cobriu só em São Paulo?

Só, no Pacaembu, onde foram realizados todos os jogos. A final foi no Rio de Janeiro.

Excursão do Santos pela África e Europa, em 1967. Foto para uma matéria da RAI em Ricione, Orlando Duarte, ao lado de Pelé, foi o intérprete da equipe em viagem.

Você fazia basicamente a cobertura dos jogos ou havia também entrevistas, análises mais aprofundadas?

Fazia tudo, mas o comentário não era como hoje em dia. Era mais calmo e detalhado: "Aos 35 minutos, Adão mandou para Toninho, Toninho deu um drible no zagueiro, entrou pela direita, passou e, oh, gol". Tinha mais ritmo, mais ginga, até porque você precisa deixar a jogada bem visual, a televisão estava engatinhando...

Nesse sentido, a cobertura esportiva era bem mais rica do que hoje, que é extremamente objetiva.

Sem dúvida. E os jornalistas eram verdadeiros artistas na técnica de narrar, os comentários eram mais longos. Tinha o Nelson Rodrigues, o Miguel Munhoz, José Silveira, Pimenta Neto.

Depois do *Equipe*, o que você fez?

Comecei em *O Tempo*. Fui convidado para dirigir a página de esportes. Um outro amigo meu, o Henrique Mateucci, era o chefe e estava saindo para o jornal *Última Hora*, do Samuel Wainer – aliás, para onde todo mundo estava indo. Era uma página diária. Tinha o meu comentário e um outro sobre esportes amadores. O jornal pertencia ao Silvio Pereira, pai do Luiz Carlos Bresser Pereira. Lá eu aprendi muito. Fiquei até fechar.

Orlando, como repórter na recepção aos jogadores gaúchos que foram à Copa do Mundo de 1970, no México.

E depois?

Na verdade, quando estava lá, acabei indo trabalhar também no *Última Hora* e no *Diário da Noite*, além de em *O Tempo*. Época saudosa. Eu ganhava bem. Para você ter uma idéia, dava pra comer no Spadoni, o melhor restaurante de São Paulo.

Em todos esses jornais você escrevia sobre esporte?

Sim, em todos. No *Última Hora* eu fui contratado para fazer boxe. Tinha uma coluna chamada Luvas de Pelica.

Como você chegou ao boxe?

Eu freqüentava a academia do pai do Éder Jofre, o Kid Jofre. Só para treinar, porque eu não era louco para lutar. Mas eu ia a todas as lutas, sempre fui.

Voltando ao desemprego...

Então, quando eu estava nesses três jornais, o *Última Hora* fechou. O Aurélio Campos me despediu do *Diário da Noite*, sem que eu soubesse o motivo. Aliás, quando estava deixando o prédio, na rua Sete de Abril, encontrei Assis Chateaubriand chegando à sede dos Diários Associados. Ele perguntou: "O que é, meu jovem?". Eu respondi: "Estou saindo". Ele não titubeou: "Mas a empresa é grande, o senhor volta a trabalhar na empresa". Eu disse: "Não, porque estou saindo de um jeito que não me agrada". Ele encerrou: "Fique sossegado, você é um associado". Na prática, não me deu trela, não quis resolver meu problema. E foi embora...

Pausa no trabalho. Orlando Duarte é o segundo da esquerda para a direita, na fileira da frente. Em pé, José Maria Marin (segundo da esquerda para a direita) e Squarza, ex-cônsul do Uruguai no Brasil (último à direita).

Entra uma nova fase...

Pensei: vou falar com Carlos Joel Nelly, então diretor da *Gazeta Esportiva*. Fazia pouco tempo que ele tinha me convidado para trabalhar lá e eu não aceitara, porque, somados os meus três salários, era mais do que ele me oferecia. Mas agora o cenário tinha mudado. Daí eu fui lá, e não deu outra: entrei no lugar do Edson França, que trabalhou com Bibi Ferreira em *My Fair Lady*, no lugar do Paulo Autran. Eu escrevia sobre futebol, precisamente sobre a Portuguesa, e também cobria beisebol, tênis e, o mais difícil de todos, golfe. Beisebol eu dominava, porque tinha jogado em Rancharia com os vizinhos japoneses. Mas confesso que aprendi a lidar com golfe rapidamente. Bem, terminou o primeiro mês, ele pagou um tanto; no segundo, aumentou o salário e, no terceiro, eu já estava ganhando o valor que eu ganhava nos antigos empregos. Eu só não tinha entendido por que ele havia demorado para me efetivar. Depois fui saber que era porque eu tinha fama de comunista. Falaram para o diretor que meus amigos eram todos comunistas e acabaram desconfiando de mim também. Eu era, na verdade, socialista, mas a rigor não tinha nenhuma ligação política com nenhum partido. Essa foi uma época importante porque eu ganhei *status*, fiquei mais conhecido, viajei bastante.

Turma de estudantes da Faculdade de Direito do Mackenzie, na década de 1960. Orlando aparece em primeiro plano, à direita.

E a Copa de 1958, foi a sua primeira grande viagem? Você foi com muitos colegas?

Foi a primeira, já que em 1954, na Suíça, eu não estive. Foi pouca gente para a Copa da Suécia, e eu fui de "minhoca". Minhoca é um foca, um jornalista iniciante.

Convenhamos que você não era bem um "minhoca"; já era experiente...

Pode ser, ainda mais se a gente considerar que fui despachado para a Suécia. Naquela época, quando você falava que ia a Santos, já era um acontecimento. Viajar para a Suécia, do outro lado do mundo, era coisa para profissional tarimbado. Pegar o avião, voando baixo, chacoalhando, atravessar o Atlântico, já era uma aventura.

"Mãe, comprei uma rádio"

Duas emissoras importantes na história do rádio, Record e Itatiaia, só existem em razão do trabalho de dois homens corajosos: o dr. Paulo Machado de Carvalho e Januário Carneiro.

Em 1931, o jovem advogado Paulo, de família tradicional, cujo pai falecera havia onze anos, entrou em casa, cumprimentou as irmãs, foi até a mãe, sra. Brasília Leopoldina Machado de Oliveira, e disse: "Mãe, comprei uma rádio...". A mãe, incrédula, quis saber: "Comprou o quê, meu filho?". Respondeu o dr. Paulo: "Uma rádio, mãe...". "Isso não é coisa que se compre, não dá dinheiro e você tem que cuidar de sua profissão de advogado... Vá até os 'vendedores' e desfaça o negócio..."

O dr. Paulo saiu de casa e foi até a praça da República, número 17, onde ficava a Record, para desfazer o negócio, como sua mãe havia dito. Mas não o desfez, pois já tinha amor pelo rádio. O jovem nascido em 9 de novembro de 1901 estava com 30 anos. Estudara dois anos na Suíça e sempre tivera muitas idéias. Notou que o rádio seria um veículo revolucionário. Aliás, um ano depois de comprar a Record, a Revolução de 1932 começaria. O dr. Paulo entendeu o momento da história e sua emissora passou a ser "A Voz de São Paulo".

E o que era a Record naquela época? Nada. O proprietário era Álvaro Liberato de Macedo. Tinha uma casa de comércio com o nome de Record e vendia, entre outras coisas, aparelhos de rádio. Era boêmio, e a rádio não passava de um divertimento abandonado. Inaugurara a emissora em 1928; em 1931 ia ao ar a cada três dias... sem nenhuma planificação. A rádio não tinha nenhuma estrutura, e o dr. Paulo, o comprador, com os sócios Pipa Amaral e Jorge Alves Lima fariam de tudo, até a limpeza. Machado de Carvalho chegou a ser, nos primeiros dias, o *disc jockey*, ou DJ, como se diz hoje. Dias Carneiro era quem emprestava os discos. A Rádio Record precisava de tudo. Não se permitiam anúncios nas rádios, o que só foi alterado com o Decreto-lei nº 2.111, em 1º de março de 1932, de Getúlio Vargas.

Como conseguir dinheiro? O locutor, ao começar um programa, dizia: "Bom dia aos amigos da Empresa Phillips" ou "A programação musical de hoje é dedicada aos trabalhadores da goiabada Peixe", e assim por diante. O dr. Paulo não parou suas atividades para fazer a emissora crescer. Com a Revolução de 1932, com grandes locutores, principalmente César Ladeira, conseguiu mostrar a cara de rádio. Impressionou Assis Chateaubriand, seu amigo, que visitou a rádio local na época em que as transmissões estavam começando e chegou a apresentar um noticiário, durante uma semana, como locutor e comentarista.

Januário Carneiro é outro exemplo típico de quem nasce para realizar uma missão. Quando criança, construiu um pequeno transmissor e, à sombra de uma bananeira, transmitia as músicas cantadas por sua irmã, Esther, que imitava Marlene, as irmãs Linda e Dircinha Batista, Emilinha Borba e Dalva de Oliveira. Seu irmão, Emanuel, saía pela rua do Chumbo, onde moravam os três, com a família, para anunciar que a "emissora" estava no ar. Amor de criança para concretizar seu sonho.

O pai de Januário, sr. José Carneiro, não queria o filho neste "ambiente". O tio Salgado também era contra. Isso, porém, não evitou que, aos 20 anos, Januário Carneiro estivesse no "ambiente". Desse

Paulo Machado de Carvalho, um amante do rádio e do futebol, ao lado de João Goulart, com a taça Jules Rimet (1962).

O pai de Januário Carneiro não queria o filho no rádio, mas não adiantou. Aos 20 anos, o jovem empresário estava no "ambiente", fundando a Rádio Itatiaia, de Minas Gerais.

espírito empreendedor surgiu, em 21 julho de 1951, a Rádio Itatiaia, de Belo Horizonte, a chamada "Rádio de Minas". São mais de cinqüenta anos de existência, sempre evoluindo.

Pioneirismo, ousadia e independência foram os alicerces da Itatiaia. Transmissões intercontinentais, som colocado em satélite e na internet, união da FM com a programação da AM. Presença em todos os eventos esportivos. Jornalismo de alta credibilidade. Serviço de atendimento público. A Itatiaia é mesmo uma emissora que sempre está crescendo, além de contar com aparelhos de última geração.

Emanuel Carneiro é o homem que dirige hoje a emissora, irmão de Januário, já falecido. A Itatiaia tem passagens que servem para mostrar quanto o rádio deve aos sonhos de pessoas como dr. Paulo e Januário, aos pioneiros, aos homens de visão, aos arrojados, aqui e no mundo todo. Tudo era muito difícil, muito complicado, mas o sucesso foi alcançado. A Rádio Record sempre foi uma das emissoras de São Paulo de maior prestígio, e hoje a Itatiaia é a principal rádio de Minas Gerais.

Deve também, claro, a Assis Chateaubriand, que teve uma rede de emissoras de rádio, em todo o Brasil, além de jornais, revistas e emissoras de TV.

Chatô nasceu em 4 de outubro de 1892, em Umbuzeiro, na Paraíba, e faleceu em 4 de abril de 1968, em São Paulo. Foram 76 anos vividos com muita intensidade. Estudou direito em Pernambuco e começou muito cedo a escrever para jornais. Seria dono, depois, de mais de cem jornais, formando a empresa Diários Associados.

Depois de formado, Chatô foi para o Rio de Janeiro. Trabalhou como advogado na Light e no Itamaraty. Por ter pertencido a uma família rica, de senhores de engenho, não teve problemas com dinheiro, e seu arrojo o levou até São Paulo. Lá, ficou entusiasmado com a Rádio Record, do dr. Paulo, onde foi locutor, durante uma semana, do "Jornal da Manhã", à base de comentários seus e algumas notícias.

Viveu o drama da Revolução de 32 em São Paulo e, em 1935, adquiriu, no Rio, a Tupi carioca. Foi a sua primeira emissora de uma série de 25, sendo a Tupi de São Paulo a segunda, em 1937. O advogado formado em 1913 queria ser um inovador, um empreendedor, e o foi: fundou o Masp (Museu de Arte de São Paulo); teve grande importância política com seus jornais, emissoras de rádio, TV e revistas, destacando-se *O Cruzeiro*; e chegou, até, a ser embaixador do Brasil em Londres.

Chatô morreu há muito, mas o império que construiu com suas emissoras ainda está operando. Seus métodos nem sempre foram elogiados, mas não se pode negar a importância de seu trabalho pelo rádio e pelas comunicações.

Comentarista por acaso

Saiu para escrever sobre futebol e voltou como respeitado analista de jogos para o rádio

Na Copa de 1958 você acompanhou o trabalho dos radialistas?

Sim, estavam todos lá. Geraldo José de Almeida, Pedro Luiz, Edson Leite, os grandes locutores da época.

E você já tinha vontade de trabalhar em rádio?

Já.

Mas era um fascínio?

Não, diria que eu gostaria de... E aconteceu por acaso. Eu estava em Lima, em 1959, cobrindo uma excursão do São Paulo para a *Gazeta Esportiva*. As

Repórter em ação, durante o desembarque da Seleção Paulista de 1952, em Congonhas. Da esquerda para a direita: Gilmar, Álvaro e Canhoteiro abordados por Orlando Duarte. Naquele ano, Orlando receberia os primeiros convites para ser comentarista esportivo de rádio.

rádios Bandeirantes e Jovem Pan estavam sem comentarista. Fui convidado pela Pan, que gostou, e depois a Bandeirantes também se interessou. Mas a *Gazeta Esportiva* não deixou, porque eles tinham um acordo com a Pan. O próprio Blota Jr., que era o diretor da Pan, quando soube do interesse da Bandeirantes, entrou na linha e disse: "Não, você já é nosso contratado". No final, quando retornei, não foi bem assim: disseram que estavam sem espaço. Mas, depois, a Bandeirantes refez o convite e eu fui pra lá.

Você ficou tocando paralelamente a *Gazeta Esportiva* e o rádio?

Eu gostava desse trabalho intenso.

Primórdios do humor

Se há uma unanimidade no rádio quando se fala de humor, é esta: nada, até hoje, superou a *PRK-30*. Parece um absurdo dizer isso, mas é a opinião de gente como Chico Anysio, Renato Murce, Jô Soares, Boni, Daniel Guimarães... Durante vinte anos, de 1944 a 1964, Lauro Borges e Castro Barbosa mostraram, ao vivo, nos auditórios por onde passavam, um humor limpo, ingênuo e mágico. Quem afirma isso é José Bonifácio de Oliveira Sobrinho, o homem que brilhou dirigindo a TV Globo e que participou da carreira dos humoristas da *PRK-30*. Para Boni, na época, o programa era imperdível.

Boni não era da TV; trabalhava em publicidade, na Lintas. Alguns anunciantes queriam entrar no programa da dupla, e Boni era o autor dos textos. Tinha contato estreito com os dois e viajou por várias cidades onde se apresentaram Lauro Borges e Castro Barbosa. Como produtor do programa, antecipava-se à dupla em suas apresentações. Depois do *show* eles gostavam de sair para tomar chope e apostavam para ver quem ficava mais tempo sem ir ao banheiro. Boni sempre ganhava, e Lauro disse que ele era uma caixa-d'água, para reter o que bebia; assim, ganhou da dupla o apelido de "caixa-d'água".

O que era a *PRK-30*? Uma estação de rádio, pirata, dentro de outra estação, com paródias aos noticiários, às novelas, aos programas de calouros, ao esporte, aos musicais. Era, quando surgiu, uma renovação no humor do rádio.

Havia o humor da dupla Jararaca e Ratinho, e havia o humor solitário, de um único cômico. *PRK-30* era um programa semanal, de meia hora de duração, que agradava a todas as classes sociais. Lauro Borges sempre dizia que o rádio tem três funções: ensinar, educar e divertir.

Lauro Borges, o Laurentino Borges Sáes, nasceu no bairro de Santa Ifigênia, em São Paulo, em 14 de janeiro de 1901. Seu companheiro foi sempre Joaquim Silvério de Castro Barbosa, nascido em Sabará, Minas Gerais, em 7 de maio de 1909.

O que pouca gente sabe é que Lauro foi um bom jogador de futebol. Nome no futebol: Sáes. Jogava no meio campo e começou no Colégio São Bento, que sempre teve boas equipes e chegou a ser campeão paulista. Lauro jogou em equipes da várzea, depois de um período atuando pelos juvenis do Palestra Itália, hoje Palmeiras. No Ítalo-Lusitano atuou ao lado de Feitiço, um dos grandes craques do Brasil, e em 1922 jogou pelo Germânia. Estava querendo abandonar o futebol quando resolveu visitar uma tia, em Salvador, na Bahia. Foi jogar na Associação Atlética da Bahia, um time de elite. Acabou tricampeão baiano entre 1924 e 1926. Neste ano voltou ao Sudeste, ao Rio de Janeiro, onde estivera por duas vezes com seu time baiano, e foi trabalhar na companhia de energia Light. Jogou pelo Botafogo em 1927 e foi para o Flamengo em 1928, onde ficou até 1931. Em 1930, chegou a jogar com Flávio Costa, apelidado de "Alicate", que foi o treinador do Brasil no Mundial de 1950. Começou no rádio em 1935, com 34 anos, na Rádio Club do Brasil, PRA3. E depois trabalhou com Casé na Rádio Phillips.

Castro Barbosa conseguiu sucesso no rádio como cantor. Gravou discos com Carmem Miranda, Dircinha Batista, Francisco Alves, os famosos "cebolões", com 78 rpm. Renato Murce, um observador atento, resolveu unir o trabalho de Castro Barbosa ao de Lauro Borges, que já era o humorista mais bem pago do Brasil. Deu certo. Foram verdadeiros mestres do humor, estreando em 19 de outubro de 1944, na Rádio Mayrink Veiga, do Rio de Janeiro.

A dupla foi para a Rádio Nacional, do Rio, PRE-8, realizando um programa que passou a ser ouvido em todo o Brasil. A *PRK-30* também esteve na Rádio Nacional, de São Paulo, e na Rádio Tupi. Essas andanças, os *scripts* dos programas e os dois CDs com participação da dupla são encontrados no excelente livro de Paulo Perdigão, *No ar, PRK-30!: o mais famoso programa de humor da Era do Rádio*.[1] Pelos textos e pelos CDs dá para se ter idéia do que foram Lauro Borges e Castro Barbosa juntos.

---

[1] Paulo Perdigão, *No ar, PRK-30!: o mais famoso programa de humor da Era do Rádio* (Rio de Janeiro: Casa da Palavra, 2003).

É evidente que o humor no rádio teve pessoas maravilhosas, como Nhô Totico, o Vital Fernandes da Silva, que apresentava, com auditório, a *Escolinha de Olinda*. Ele fazia todas as vozes para o programa.

Não se pode esquecer também de *Edifício Balança, Mas Não Cai...*, da Rádio Nacional, criado para substituir, em 1951, a *PRK-30*. Um programa muito bem dirigido e com um texto ótimo do seu criador, Max Nunes, médico que amava o rádio e, hoje, na TV, é produtor do Jô Soares...

E Manoel de Nóbrega, pai de Carlos Alberto, que produz e apresenta *A Praça é Nossa*, na TV? Seus programas eram ótimos, como o *A Cadeira de Barbeiro*, feito com Aluisio Silva Araújo. Conheci Manoel e convivi com ele, uma inteligência rara, sempre com conversas maravilhosas. O seu programa era de crítica política.

Oswaldo Molles, pela Rádio Record, conduzia *Histórias das Malocas*, que tinha Adoniran Barbosa (João Rubinato) e seu personagem principal, o "Charutinho". Era um humor fino, o de Molles, que escrevia outros programas para a emissora. Nessa época eu podia conversar com Oswaldo Molles na redação do jornal *O Tempo*, onde ambos escrevíamos. Seus papos com Hermínio Saccheta, o secretário de redação, eram verdadeiras aulas. Adoniran Barbosa foi meu "carona" muitas vezes da sede da Record até a cidade. Uma conversa agradável com o homem do "Trem das onze". Adoniran, com a voz rouquenha, amava um chapéu "Stetson" que eu trouxera da Inglaterra. Vivia pedindo o chapéu, e eu lamento não ter lhe dado... Molles era de Santos.

Estevam Sangirardi, precursor do rádio esportivo-humorístico.

Zé Fidelis (Gino Cortopazzi) foi outro humorista de primeira, assim como Pagano Sobrinho, José Vasconcelos, não nos esquecendo jamais de Francisco Anysio de Oliveira Paula Filho, o Chico, que escreveu textos antológicos para o rádio. Ele também acha que, apesar dos esforços de todos, ninguém superou, no rádio, a *PRK-30*. Chico começou na PRA-9, Rádio Mayrink Veiga.

Abelardo Barbosa, o Chacrinha, pernambucano, chegou ao rádio, por acaso, no Recife, falando na PRA-8, Rádio Clube. Em 1939, Abelardo, que tocava bateria, embarcou no navio de passageiros do Lóide Brasileiro, o *Bagé*, rumo à Alemanha. O navio resolveu atracar no porto francês e, já retornando, parou em Lisboa. Seguiu em direção ao Rio, lotado, pois os brasileiros queriam voltar da Europa e não correr riscos com a Guerra. Chegando ao Rio, Abelardo Barbosa se apaixonou pela cidade e resolveu ficar.

Sua vida no Rio, então capital da República, foi um desafio constante. Teve de interromper os estudos de medicina no terceiro ano e, sem dinheiro, sem parentes nem amigos, tentou o rádio, onde teve um primeiro emprego de locutor na Rádio Vera Cruz, em 1940, a PRE-2. Era locutor comercial e, nessas condições, foi para a PRG-3, Rádio Tupi do Rio de Janeiro. Não era só locutor, era também discotecário e auxiliava no programa *Paulo Gracindo*.

Em 1942, Abelardo Barbosa foi para a Rádio Difusora Fluminense, que ficava afastada do centro de Niterói em uma chácara com muitas frutas. Ele, Abelardo, também tomava conta da chácara e daí foi fácil chegar a "Chacrinha". Inteligente, criou um programa de músicas carnavalescas, *Rei Momo na Chacrinha*, na época um sucesso, que depois cedeu espaço para o *Cassino do Chacrinha*, programa que foi um marco do rádio brasileiro pela criatividade.

Deixando a Rádio Difusora, foi para a Rádio Mauá, depois Rádio Guanabara e Rádio Tamoio. O então Chacrinha tornou-se uma figura conhecida e um sucesso no rádio. Tinha domínio sobre o veículo e levava alegria aos ouvintes, que imaginavam como era seu cassino...

Estevam Victor Bourrol Sangirardi, Sanja, nasceu em Monte Azul. Seu pai era delegado de polícia e sempre estava transferindo residência. Começou na Rádio Panamericana, a emissora dos esportes, na década de 1940, quando ela funcionava na rua São Bento. Paulo Machado de Carvalho Filho, o Paulinho, que recebeu a incumbência do seu pai de dirigir a Panamericana, que havia sido adquirida e precisava encontrar o seu caminho, foi quem revolucionou a emissora.

A equipe da Panamericana foi ficando forte, com programas esportivos e transmissões com Pedro Luiz, Mario Morais, Wilson Fittipaldi, Nicolau Chequer, Randal Juliano e muitos outros que ajudaram a consolidar uma grande audiência. Sanja teve seu primeiro programa humorístico, de cinco minutos, com Helio Ansaldo, chamado *Charuto e Fumaça*.

Em 1945, surgia o *Show de Rádio*, que foi um marco na história da radiofonia do país por mais de vinte anos, programa que acompanhava as transmissões esportivas. Paulinho sempre dizia: "Só o rádio para distrair, só o rádio para alegrar, só o futebol para apaixonar...". Ele teve um contrato inicial na Record, que também pertencia ao dr. Paulo, mas foi registrado na Pan, acompanhando Paulinho, e isso mudou a sua vida. Fazia de tudo: sonoplastia, locução esportiva, *jingles*, radionovelas, comerciais.

Na minha opinião, Estevam foi o melhor humorista ligado ao esporte que tivemos. Convivi com ele por mais de dez anos. Figura inteligente e sempre com idéias novas, Estevam, o Sanja, criou vários personagens: Didu Morumbi, mostrando a categoria do torcedor refinado do seu São Paulo F.C.; Joca, o torcedor corintiano ligado a macumba; Noninha e Strufaldi, palmeirenses, sempre discutindo como bons descendentes de italianos; Lança-Chamas e Zé das Docas, torcedores do Santos; além de figuras típicas dos lusos. Depois dos jogos, todos queriam ouvir o *Show do Rádio*.

Sua passagem pelo rádio de São Paulo foi marcante, e a verdade é que o seu nome está incluído entre os melhores humoristas que tivemos. No dia 27 de setembro de 1994, Sangirardi morreu e, com ele, foi-se parte de uma grande alegria do esporte no rádio.

Hoje, no rádio FM, temos um humor de pegadinhas, como *Boi na Linha*, de entrevistas, como *Pânico*, na Jovem Pan FM, e *Hora do Ronco*, na Band FM, além de programas nas rádio Mix FM e Transamérica, todos muito diferentes do que se fazia antes. Silvino Neto foi outro sucesso com *Pensão da Pimpinela*. Ronald Golias e Canarinho também brilharam no humor radiofônico. Sergio Porto, o Stanislaw Ponte Preta, Haroldo Barbosa, Ademar José, Almirante e muitos outros sempre fizeram o Brasil rir pelas ondas de rádio.

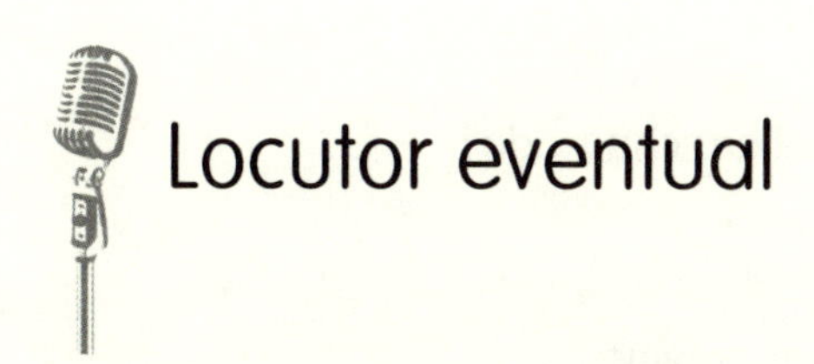

Locutor eventual

Embora tenha transmitido competições dos mais diversos esportes, Orlando Duarte não sente que possua vocação para a narração.

Qual a sua experiência com locução?

Fiz mais para a televisão. No rádio eu fiz algumas transmissões, mas confesso que acho cansativo.

Qual o grande desafio de ser locutor?

Na minha opinião, Joseval Peixoto, comentarista do *Jornal da Pan*, cumpria bem esse papel. Ele narrava no tom perfeito, era equilibrado, fazia comentários inteligentes.

Você consegue definir alguns estilos de locutores daquela época?

Alguns deles eu lembro. O que estava em cima da jogada era o Pedro Luiz, sempre situando a partida. Você fechava os olhos e podia imaginar o jogo. O Edson Leite se preocupava mais em colocar a voz, ideal para transmissão internacional. Uma voz bem definida, grossa, precisa. O Geraldo José era festivo, voz metálica, bonita... Oduvaldo Cozzi fez sucesso pela maneira poética de transmitir. E havia os irreverentes: Raul Longras, por exemplo. "Lá vai Azevedo, o motor do ataque, *póim, póim, póim*, bateu na trave, *blóim, blóim, blóim*, voltou". O Ary Barroso, um dos maiores compositores do país, era outro. Quando saía gol, ele tocava uma gaitinha. "*Trim, trim, trim*". Se fosse do Flamengo, então, a gaita disparava.

O dr. Nicolau Tuma, que chegou a ministro de Tribunal de Contas, pode ser indicado como o primeiro locutor esportivo do rádio. Na década de 1920, Tuma irradiava com muita emoção e rapidez. Transmitia com velocidade, quase uma metralhadora. Tanto que foi apelidado de "o espíquer metralha". "*Speaker*" é uma palavra inglesa que, no Brasil, passou a ser "espíquer". Uma curiosidade: foi ele quem criou o termo "radialista". Falou para um rapaz: "Vá lá, você vai ser radialista", referindo-se à pessoa que trabalha em rádio.

Antes, como esse profissional era chamado?

Locutor, repórter ou espíquer mesmo.

Voltando aos narradores memoráveis...

Gagliano Neto, em 1938, colocou seu nome entre os autores de um grande feito radiofônico, transmitindo, da França, os jogos do Brasil no Campeonato Mundial de Futebol. Um sucesso... e quase o Brasil rompe relações com a Itália, quando perdemos por 2 a 1, em Marselha, e Gagliano disse que o árbitro nos prejudicou.

Por que você não quis investir na narrativa?

Eu narrei jogos esporádicos, mas, como disse, achei desgastante. Ainda assim, realizei coisas que considero importantes. Conseguimos, eu e Braga Jr., uma primeira transmissão duplex na Europa. Estávamos em Florença, para um torneio entre Botafogo, Palmeiras e Fiorentina. O Santos jogaria em Roma, contra o Roma. O Braga me propôs: "Vamos tentar transmitir os dois jogos, você lá e eu aqui, em Florença?". Fui à telefônica com ele, e não havia nenhum impasse técnico. Era 15 de julho de 1963. Peguei um trem em Roma, fui direto à RAI, onde havia um recado para eu seguir para o Estádio Olímpico, pois a assistência técnica estava garantida. Só que havia uma diferença de horário entre um jogo e outro. Apesar de todos saberem que sou mais comentarista do que narrador, sobrou para mim o início da transmissão, falando com o Braga no ar, que passava as informações sobre o Torneio de Florença. Eu não sabia o que me esperava. Os times resolveram fazer gol à vontade. Fizeram sete, o placar foi 4 a 3 para o Santos. E lá estava eu, me esgoelando para narrar com vibração tantos gols. Mas reconheço que foi uma emoção ouvir o Braga Jr. me chamar: "Vai começar aqui em Florença, Palmeiras e Botafogo...". Um alívio. A transmissão foi um sucesso.

Esse foi o primeiro?

O primeiro realmente importante.

E por que é cansativo?

A dificuldade vem de todos os lados. Voz, respiração, pulmão, concentração, identificação dos jogadores. Nesse jogo, por exemplo, do Santos eu conhecia todos, mas do Roma eu tive de me virar...

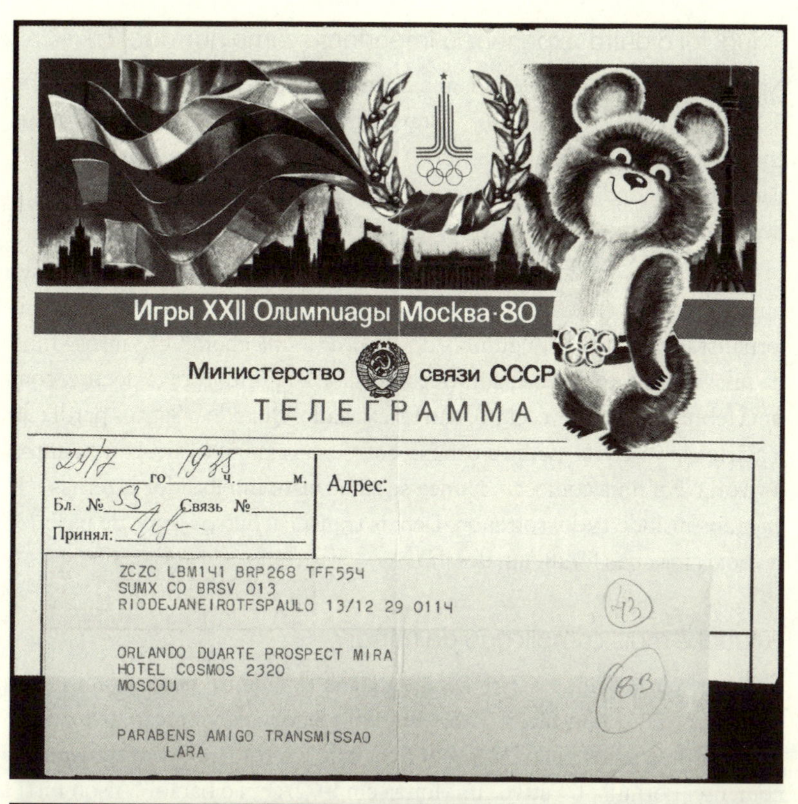

Игры XXII Олимпиады Москва-80

Министерство связи СССР

ТЕЛЕГРАММА

го ч. м.

Бл. № Связь №

Принял:

Адрес:

ZCZC LBM141 BRP268 TFF554
SUMX CO BRSV 013
RIODEJANEIROTFSPAULO 13/12 29 0114

ORLANDO DUARTE PROSPECT MIRA
HOTEL COSMOS 2320
MOSCOU

PARABENS AMIGO TRANSMISSAO
LARA

Compañía Internacional de Radio Española

TELEGRAMA

VIA RADIAR-ITALCABLE

MRBR14/JM63/7
SAOPAULO 26 7 0956

PRESS ORLANDO DUARTE HOTELSPLENDID BARCELONA

TRANSMITIREMOS DOISJOGOS PALMEIRAS VERSUS FIORENTINA MILAN STOP
TREISJOGOS SANTOS VERSUS ROMA INTERNACIONAL MILAN STOP IMPOSSIVEL
CONFIRMACAO DATAS NECESSITAMOS SEUS COMENTARIOS
MURILLO

Puedo contestar a este telegrama, sin ningún recargo sobre las tarifas, llamando a los teléfonos que figuran al dorso.

Ao lado, telegrama enviado para Barcelona pela Rádio Bandeirantes, em 1963, convocando Orlando Duarte a participar das transmissões dos jogos Palmeiras x Fiorentina, em Florença, e Santos x Roma, em Roma. Acima, telegrama recebido já aberto em Moscou, durante os Jogos Olímpicos de 1980.

E qual foi a outra experiência importante como narrador?

Na Deutsche Welle, da Alemanha, transmiti pela TSV 1860 Munique × Santos, em 13 de junho de 1967. Estava ali, me convidaram para transmitir, em português, a partida, e aceitei. O Santos venceu por 5 a 4, e as dificuldades foram ainda maiores, porque tive de identificar jogadores alemães desconhecidos.

Foi um jogo que teve um caso curioso. Zito, do Santos, campeão do mundo em 1958 e 1962, capitão do time, deu uma aula de caráter que fez o jornalista Oldemário Touguinhó, do *Jornal do Brasil*, chorar. O Santos vinha de uma viagem à África, e, em Riccione, na Itália, Zito estava doente, com uma febre muito forte, e, claro, não foi escalado. Quando o Santos perdia de 4 a 2, foi ao vestiário, pediu a camisa, entrou em campo e carregou o Santos à vitória. Foi uma comoção. Nunca se tinha visto um jogador fazer isso. E eu transmitindo tudo, sofrendo. Depois transmiti outros jogos de basquete, boxe, mas não foram um desafio.

Futebol é mais complicado de narrar?

É. Boxe tem 3 minutos por assalto. Tênis também é fácil, assim como basquete. "Ponto do Brasil". Mas futebol exige mais vibração. Cheguei a transmitir 36 jogos pela TV Jovem Pan, hoje Record. Também transmiti e comentei Fórmula 1. Estive em Monza em 1972, com o barão Wilson Fittipaldi pai, narrando, com a possibilidade de seu filho ser campeão. Pensei: se o Fittipaldi ganhar, isso aqui vai ser um caos. Eu me preparei. Quando acabou a corrida, ele gritou: "Emerson, campeão do mundo; Orlando, é com você". Passou-me o microfone porque não se conteve de emoção. E eu, embora também muito comovido, fiquei ali, sabendo que não podia olhar para trás, porque senão iria desabar de emoção. Então me concentrei em relatar o que via nas pistas, as pessoas vibrando, explicando a prova. Todos chorando, e eu firme ali. Só Deus sabe como.

No começo da sua carreira, a forma de narrar era mais diversificada?

Era, até porque hoje existem poucas rádios transmitindo esportes. Os locutores acabam tendo mais ou menos o mesmo padrão, com raras exceções. Alguns criam uma ou outra forma diferente, mas não é representativo. O José Silvério, por exemplo, destaca-se por narrar em cima da jogada, com voz forte. Mas tem muita coisa repetitiva e chata. Ninguém inovou como o Fiori Gigliotti, que tinha os seus bordões: "Balão subindo, balão descendo", "Fecham-se as cortinas do espetáculo".

O que diferencia a transmissão do rádio em relação aos outros meios, em termos de estilo e ritmo?

No rádio há um ouvinte, sem imagem nenhuma, que quer saber o que está acontecendo... Ao mesmo tempo não se pode ser enfadonho, repetitivo. Está-se transmitindo para todo mundo, para quem está ali desde o começo e para quem está chegando naquele momento. Precisa-se dosar as informações.

No futebol, que característica é necessária para transmiti-lo bem?

Há vários estilos de narração. Tem aquele que se preocupa em estar em cima da jogada, descrevendo o lance, outro em dizer onde está a bola, há o que dá maior importância à impostação da voz, à narrativa propriamente dita.

Como ser original ao narrar esportes tão diferentes?

Cada esporte pede um estilo, assim como cada partida. No tênis, por exemplo, você vai mais é informar, até porque não há tanta coisa acontecendo para se narrar. Você tem de enriquecer a transmissão com histórias sobre os jogos, comparar com o passado e prever o futuro.

O "eclético" Orlando Duarte, durante jogo da Copa Davis de tênis entre Vilas e Kyrmair.

Você vai abastecido de informações e soltando-as enquanto a bola pinga na área?

Claro, se você só narrar, a narração fica morta. O narrador precisa saber trabalhar com a emoção, mas com limites. Só a ponto de fazer o espectador se envolver com o jogo.

E nos demais esportes, no boxe, por exemplo?

É melhor. Para começar, o campo de luta é pequeno: tem-se a visão perfeita do ringue, dos combatentes e dos golpes. Você narra com precisão e vida: "Esquerda, direita, cruzado de direita, pode nocautear, sentiu o adversário, vai levando para as cordas, agora, *pum*, caiu, vai contar, 1, 2, está querendo se recuperar, levanta, mas meio grogue. Éder vai de novo, ataca com a esquerda, com a direita, agora um cruzado, perfeito. Caiu de novo".

É preciso ter capacidade de interpretação muito grande; caso contrário, fica um relatório, sem emoção, não?

Sim, é preciso vivenciar e não deixar de explicar. Tem de falar que "o golpe do Éder Jofre foi perfeito. Ele aplica bem esse golpe, como aplicava fulano. Esse cara é resistente, mas não tem a resistência de beltrano. Nessa categoria, ele tem velocidade e bate como um meio-médio, embora seja apenas um galo...". Em suma, é preciso também mostrar conhecimento do assunto.

E no basquete, qual o segredo?

Tem suas especificidades. A quadra também é pequena, o jogo é rápido e possui um regulamento extenso. Você não pode deixar de conhecer minuciosamente as regras. É o esporte que muda mais rapidamente. Eu gosto, justamente por essa agilidade... tem um colorido especial. Um minuto de jogo é tempo que não acaba mais.

E no vôlei, dá para arrancar emoção?

Depende das regras. Antigamente, só era emocionante quando as equipes eram equilibradas, senão o jogo se estendia, sem nada especial para destacar. Vantagem para tudo quanto é lado. Depois, quando começou o ponto na vantagem, ficou mais competitivo. No rádio, então, é mais complicado. Se forem duas grandes equipes, é mais fácil, pode-se colocar mais emoção; se for uma forte e uma fraca, deve-se ir mais devagar; se as duas forem fracas, ainda mais devagar, porque não há o que transmitir. Você nunca pode mentir, transmitir uma emoção que não existe. É uma questão de credibilidade.

E quando não há emoção nenhuma?

Aí entra o lado crítico, explicando o que está acontecendo. Mas sem ofender.

Questão de fidelidade ao ouvinte...

Justamente! A credibilidade está aí.

E no futebol?

Ele atinge uma gama maior de torcedores, e a paixão também é maior... é preciso sempre ter cautela. Qualquer palpite equivocado arrasa a emoção de quem está ouvindo, até de você mesmo, que está narrando. Mesmo com o advento da televisão, tem gente que prefere ouvir a locução pelo rádio, justamente por causa da emoção, da vibração do locutor. Na TV o narrador pode falar enquanto o jogo corre, porque a imagem faz as vezes. No rádio não dá. Ele pode até chamar o comentarista para fazer um conceito do jogo, mas não pode se ausentar muito, perder a mão. Porque, caso contrário, ele perde o ouvinte.

O fato de você achar trabalhoso transmitir futebol não te encorajou a seguir carreira narrando outro tipo de esporte?

Não, sempre quis ser comentarista. O comentário exige mais, você carrega mais carga de conhecimentos. Você tem de conhecer a fundo as regras, tem de saber a história.

Que locutores esportivos fizeram história?

Desde Nicolau Tuma, uma turma transmitiu de forma diferente. São nomes como Geraldo José de Almeida, Pedro Luiz, Aurélio Campos, Fiori Gigliotti, Jorge Amaral, Hélio Ansaldo, Raul Tabajara, Oduvaldo Cozzi, Valdir Amaral, Jorge Couri, Antônio Cordeiro, Murilo Antunes Alves, Edson Leite, Rebelo Júnior, Wilson Brasil, Haroldo Fernandes, Joseval Peixoto, Osmar Santos, Willy Gonzer, Braga Jr., José Silvério, Nélson César, Dirceu Maravilha, Éder Luiz, e muitos, muitos outros.

Vitrine de talentos

Na década de 1930 começam os programas variados, uma verdadeira caça aos novos valores. No Rio de Janeiro, em 1935, a Rádio Cruzeiro do Sul tinha Ary Barroso apresentando um programa de calouros. Ary fora revelado em *A Hora do Outro Mundo*, pela Rádio Phillips do Brasil, que, depois, passou a ser Rádio Nacional, incorporada ao patrimônio nacional. Além de Ary Barroso, o programa revelou Aracy de Almeida, Joel Gauch e muita gente mais. *Papel Carbono*, apresentado por Renato Murce por mais de 28 anos na rádio carioca, tinha o objetivo de lançar gente nova, e conseguiu. Mais de cem artistas foram apresentados aos ouvintes, e alguns ganharam destaque, como Doris Monteiro, Ângela Maria, Ivon Cury.

Ary ficou pouco tempo na Cruzeiro do Sul e foi para a Rádio Tupi, em 1936, a fim de transmitir futebol... ele, sua gaitinha e o seu fanatismo pelo Flamengo. Isso não impediu que tivesse, na Tupi, o programa *Calouros do Ar*.

Na Nacional surgia o *Aí Vem o Pato*, que trocou o nome para *Hora do Pato*, com Jorge Cury, pois o criador do programa deixou a emissora. Na Rádio Clube, a PRA-3, do Rio, era apresentado o *Pescando Estrelas*. Ali surgiu a *Buzina do Chacrinha*, um programa bem diferente, com um jeito todo especial e frases do apresentador.

Havia alguns programas de auditório de destaque, com apresentadores como o gaúcho Manoel Barcelos, às quintas, e César de Alencar, aos sábados, ambos na Nacional. O mais famoso de todos os apresentadores de programas de auditório foi César de Alencar. Seu programa era o único que cobrava ingressos para as apresentações. As vendas antecipadas mostravam o valor do programa, com muitos astros e estrelas da música, do humor, das radionovelas... Não podemos, por fim, nos esquecer de Henrique Foréis Domingues, o Almirante, que foi o primeiro apresentador de programa de auditório. Foi um dos grandes do rádio, a exemplo de Casé.

O Trem da Alegria, com Lamartine Babo, Heber de Boscoli e Yara Sales, o chamado "Trio de Osso", pela magreza dos seus integrantes, começou na Mayrink Veiga, depois foi para a Nacional e voltou à Mayrink. Era apresentado diariamente e, mostrando a força do rádio, lotava o teatro Carlos Gomes; a sua duração era de até 3 horas, pois as atrações eram muitas.

Aos domingos, ouvida em todo o Brasil, a Rádio Nacional tinha o programa *Luís Vassalo*. Era o homem que vendia a publicidade de toda a programação, que começava com Francisco Alves, ao meio-dia, passava ao *Dr. Infezulino*, um humorístico com Osvaldo Elias, vinha *A Hora do Pato*, com Jorge Curi, seguido por *Coisas do Arco da Velha*, de humorismo. Havia uma interrupção para a transmissão do futebol e o programa prosseguia com *A Felicidade Bate à sua Porta*, programa que ia até um bairro do Rio, distribuindo prêmios e levando um verdadeiro *show* ao vivo. A seguir outro humorístico, *Piadas do Manduca*, e encerrava às 21 horas com *Nada Além de Dois Minutos*. Luís Vassalo era o dono do domingo, tinha uma audiência espetacular.

Merece destaque também *Calouros do Rádio*, em 1933, na PRB-6, rádio Cruzeiro do Sul, de São Paulo. Otavio Gabus Mendes tinha, na Record, o *Calouros Kolkine*. J. Antônio Dávila apresentava, pela Bandeirantes, *Hora da Bomba*, programa que revelou muita gente, destacando-se o conjunto Demônios da Garoa, ainda em atividade. A PRE-4, Cultura, apresentava o *Hora da Peneira*, e a Rádio América, PRE-7, transmitia um programa de muita inteligência, com Salomão

Expoentes ilustres: Inezita Barroso, Blota Júnior, Jacó do Bandolim e Paulo Machado de Carvalho Filho.

Esper e Julio Atlas, *Salomão Faz Justiça*. Salomão continua em atividade, na Band, e Julio Atlas, com quem convivi na TV Cultura, já faleceu.

Na década de 1950, Manoel da Nóbrega lançou, pela Rádio Cultura, aos domingos, das 15 às 18 horas, o seu *Domingo sem Bola*. Era o concorrente das rádios que transmitiam futebol. Quem acabou aparecendo aí? Agostinho dos Santos, saudoso grande intérprete; Moacir Franco, depois, sempre companheiro de Nóbrega; Francisco Egídio, Roberto Luna e uma variedade enorme de outros artistas. O quadro que Nóbrega criou tinha um nome especial, "Pelas estradas da glória", e todos alcançaram o estrelato.

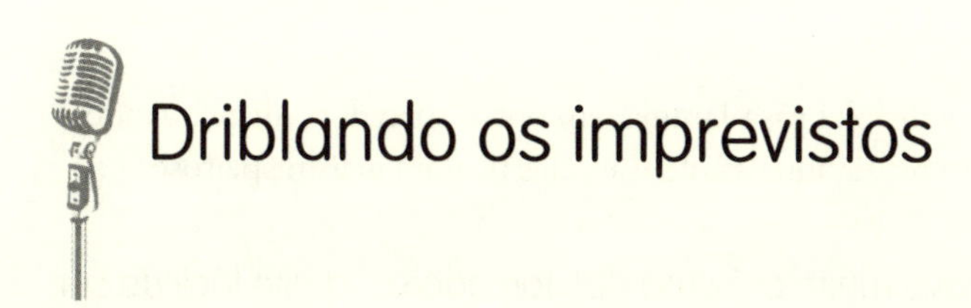

Driblando os imprevistos

Os inevitáveis contratempos de quem se dispõe a levar aos ouvintes as emoções de uma competição esportiva

O que mudou na transmissão do rádio a partir da chegada da televisão?

Hoje está mais homogêneo, porque muitos fazem a locução em cima da imagem e existem vários recursos que ajudam a narrar, como a câmera lenta. Isso mudou completamente a forma de narrar. Antes você via o lance nua a cruamente e já falava, com o risco de errar, "Foi pênalti". Só então chamava o repórter de campo para conferir, que muitas vezes te devolvia: "Não foi, não!". Ou seja, as pessoas tomavam posições sem medo. Eu mesmo tive uma encrenca no Parque Antártica por essa atitude. O Braga Jr. transmitia Palmeiras e Juventus, e, no fim do jogo, o juiz João Rodrigues marcou erroneamente um pênalti contra o Juventus. Atrás do gol estava Ethel Rodrigues, que disse: "Não foi!". Quando voltou para o Braga, ele quis saber minha opinião, e eu confirmei. Na seqüência, a torcida, na arquibancada, jogando ponta de cigarro, querendo bater em nós, como se fôssemos alterar o placar. Esse era o problema: as rádios ouvidas pareciam que podiam alterar o placar. Eu tive este mesmo problema em Piracicaba, Sorocaba, Taubaté, Parque São Jorge, e por aí afora...

Mas ocorreu alguma vez de o placar ser alterado por uma opinião do narrador ou do comentarista?

Claro que não, isso era coisa de fanático. O árbitro não estava nem aí para o que a gente achava, nem o técnico. O problema era a torcida, que assistia ao jogo com o radinho colado no ouvido. Depois que veio o transistor, todo mundo tinha radinho. No passado, a sua palavra ficava no ar, não havia o que contestar. Depois mudou... até o presidente Médici acompanhava os jogos pelo rádio. Então o torcedor virava para trás e dizia: "Pênalti o quê, seu ladrão, vagabundo, puxa-saco!". Jogavam até laranja. Um dia, inclusive, perdi a cabeça e devolvi essa laranja, em outro torcedor. Aliás, quando a gente começou a reagir àquelas ofensas, eles ficaram mais respeitosos.

E a cabine ficava muito próxima dos torcedores, muito fácil de ser invadida?

Em alguns lugares, sim; mas, mesmo quando não estava próxima, tinha a pressão da chegada ao estádio. Hoje, com a torcida organizada, passou até a ser uma profissão de risco.

Você nunca teve medo?

Não, até porque havia os que defendiam. Mas dava certo receio... Por mais que você seja neutro, se contraria o torcedor anunciando um pênalti, por exemplo, vai receber reação agressiva.

E a qualidade das transmissões, mudou muito?

Com o advento dos satélites, tudo mudou, ficou mais fácil. No passado era um drama transmitir, mesmo em território brasileiro. Muitas transmissões eram verdadeiros vôos cegos: "Vai, conta até 10, e é com você...". Depois do

NEWS FINAL

FAKE RADIO 'WAR' STIRS TERROR THROUGH U.S.

"War" Victim

"I Didn't Know".

Manchete de jornal norte-americano sobre o pânico causado pela adaptação para o rádio de *A guerra dos mundos*, por Orson Welles. No Brasil, o rádio também desencadeou opiniões controversas, em algumas ocasiões.

jogo a gente ia saber como fora a transmissão. No exterior era um combate de gigantes. Estive em Tóquio, em 1963, com o Braga Jr., para a Bandeirantes. Transmitimos Éder Jofre × Aoki. O som ia até os Estados Unidos (Oklahoma e Nova York), depois Rio e, por fim, São Paulo. Um drama. Geraldo José Almeida e Mário Morais estavam pela Excelsior, e o som deles não chegou. Mário ficou tão irritado que, depois da luta, quis agredir o Braga Jr. no Hotel Daichi, porque o considerava culpado pela não-chegada do som da sua rádio ao Brasil. Ocorre que nós fomos para o local da luta muito cedo, e o Braga ficou tentando um contato com Nova York e Rio. Conseguiu e recebeu o aviso de que só havia duas linhas disponíveis. E a da Excelsior não chegou, obra apenas de uma coincidência e de má sorte. Dez anos depois, em 1973, voltei a Tóquio pela Jovem Pan para cobrir a luta de Miguel de Oliveira contra Wajima. Já havia satélite. Usamos dois, e eu podia ouvir, com certo retardo do retorno do som, o chamado *delei*, o som da respiração do Nei Gonçalves Dias, nos estúdios em São Paulo.

Outra vez, em dezembro de 1965, eu e Braga Jr. estávamos em Glasgow, na Escócia, para um jogo das eliminatórias do Mundial de 1966, entre Escócia e Itália. A BBC nos dava assistência técnica, e o homem encarregado dizia que estava "tudo limpo", isto é, saindo com perfeição, informação de Londres... mas o nosso som ia até Nova York para chegar ao Brasil. Foi exatamente na noite do blecaute em Nova York. O som chegava, mas morria ali mesmo. Fizemos a transmissão e, apesar dos esforços, nada chegou.

O surgimento dos satélites foi o fim dos problemas com a transmissão?

Que nada! Estava em Valência com Joseval Peixoto, para um jogo do São Paulo com o Valência. No primeiro tempo, tudo ocorreu bem. Mas houve um problema no satélite, e o segundo tempo não chegou.

Quer dizer que vocês sempre temem que algo vai dar errado?

Algumas situações são tragicômicas. Em 1959, acompanhava uma excursão do São Paulo pela América do Sul, e o tricolor jogaria em Guaiaquil, no Equador. Estava novamente com Braga Jr., e ele combinou comigo: "Vou para Lima, próxima escala do tricolor. Vou para a sede da All America e você transmite para a rádio do Equador, como puder. Eu sintonizo lá em Lima e mando, pela All America, para a Jovem Pan". Desdobrei-me e consegui uma onda curta equatoriana para usar. Transmiti noventa minutos, com emoção, e saí feliz do estádio. O São Paulo ganhou e a transmissão saiu. Fomos para Lima, encontrei-me com o Braga e perguntei: "Como foi a nossa transmissão?". "A sua foi ótima, a nossa não saiu..." O Ravina, que era o técnico da All America em Lima, tomou uma bebedeira e não estava em condições de atender o Braga. Ele completava: "Morri de rir com a situação...".

Que inusitado...

Outros momentos foram de verdadeiro heroísmo. O Brasil jogava na Argélia e estourou uma revolução. Havia uma grande dificuldade para sair de Argel. Muitos ficaram mais alguns dias. Fiori Gigliotti teve um cuidado especial de reservar o avião – os vôos eram poucos para Paris – também para o seu companheiro Mauro Pinheiro e chegou a chamar um táxi para levá-lo ao aeroporto. Wilson Brasil poderia ter pego a carona, mas não o fez. Dizem que ele acusou sempre o Fiori por abandoná-lo... verdade ou lenda?

Pelo jeito nem o tempo sanou essa dúvida...

Transmiti, sentado na pista do El Campin, em Bogotá, em 1959, São Paulo e Millionarios. O roupeiro do São Paulo era o sr. Serrone, que tinha sido avisado de um grande número de batedores de carteira de estádio. Ele apontou para o bolso da calça e disse: "Daqui ninguém tira". Pegou o saco de uniformes, colocou-o sobre os ombros e, quando chegou ao vestiário, ao pôr a mão no bolso traseiro, a carteira tinha ido embora. Uma vaquinha resolveu o problema, e Serrone aprendeu a lição.

Os tempos, pelo jeito, não mudaram...

E tem as puras provocações também. Um dia, nos Estados Unidos, Orson Welles resolveu interpretar dramaticamente *A guerra dos mundos*, de H. G. Wells, como se fosse uma notícia sobre uma invasão da Terra por alienígenas. E quase foi um fim do mundo mesmo, porque muita gente acreditou no que ele estava dizendo. Aqui, uma vez, Geraldo José de Almeida, que estava na Europa, com o São Paulo, resolveu inventar um jogo amistoso do tricolor em que ele perdia de goleada. Não havia TV, e o rádio era a principal fonte de informação em massa. Antes que a coisa ficasse preta, pelo fanatismo de tricolores e adversários, o inventor do jogo, Geraldo, disse que era 1º de abril, dia da mentira...

Duelo entre cantoras

Os programas de auditório ganharam destaque no rádio. Dois deles, *Programa Manoel Barcelos* e *César de Alencar*, ambos na Nacional, animaram a batalha entre as cantoras Marlene e Emilinha Borba. Cada uma tinha o seu programa, o seu protetor. Eram travadas verdadeiras guerras, e as fãs ficavam enlouquecidas nas ruas próximas à emissora e no auditório. Daí é que surgiram as macacas de auditório.

Nessa época as revistas tinham papel importante na vida dos programas e dos artistas. Eram revistas... do rádio. Havia *Cinelândia Alô*, *A Voz do Rádio* e *Revista do Rádio*. Vivíamos os anos 1940, e as revistas vendiam bastante e animavam os concursos de rádio para escolher, por exemplo, a "Rainha do Rádio". Ocorria muita briga entre as fãs, e os cupons publicados na *Revista do Rádio* é que definiam o pleito.

Em 1937, segundo os historiadores, teve início o concurso, e Linda Baptista foi eleita a primeira rainha do rádio do Brasil. Foi uma promoção particular. Até 1948 só deu Linda Baptista... E depois, quem ganhou? A irmã de Linda, a Dircinha. A Associação Brasileira de Rádio começou a controlar o concurso envolvendo revistas, empresas, tendo, sim, uma parte na receita que seria destinada ao Hospital do Radialista.

As rainhas ganhavam mais que o título. Ganhavam viagens, automóveis, casas... Em 1949, Marlene, cujo nome era Vitória Bonaiutti, nascida em São Paulo, teve um duelo com Emilinha Borba ou Emília Savana. Marlene ganhou com o apoio da Antarctica, e Emilinha, que ficou em terceiro, desistiu, aumentando a guerra entre as duas. Marlene foi a rainha até 1951. No pleito seguinte, Dalva de Oliveira ganhou. Na eleição seguinte, vitória de Mary Gonçalves. Ela teve mais de 700 mil votos e levou muitos prêmios. Emilinha Borba conseguiu a revanche, com o apoio de suas fãs, ganhando em 1953/54.

Ninguém superou a votação de Ângela Maria, em 1954. Teve mais de 1 milhão e 500 mil votos. Vera Lúcia ganhou em 1955, Doris

Monteiro em 1956. Depois o concurso começou a perder interesse por vários motivos; um deles foi o surgimento da TV, com seus programas com muita gente, quase todos saídos do rádio.

A *Revista do Rádio* realizou também eleições regionais, e, em São Paulo, Isaurinha Garcia foi rainha. Pará, Minas Gerais, Rio Grande do Sul, Paraná e Bahia também tinham suas rainhas. O concurso no Rio, o mais famoso, terminou em 1958. Julie Joy foi a escolhida e ao seu lado estava o rei do rádio, Francisco Carlos, o primeiro.

Na campanha para ser rainha havia de tudo, inclusive publicidade das candidatas. Um período muito festivo, que mostrava o interesse do povo pelos que trabalham no veículo. Alguns artistas encontravam dificuldades para entrar e sair das emissoras. Muitas vezes as roupas de Cauby Peixoto foram rasgadas por fãs enlouquecidas.

A construção de um estilo

Sobriedade, bom-senso e objetividade foram os recursos adotados para caracterizar sua forma de comentar o esporte

Você sempre teve o dom da oratória, raciocínio rápido?

Sempre fui falante.

Mas tem gente que fala muito e é enfadonha, cansativa.

É por isso que você tem de ir se lapidando, buscando uma forma de reduzir o que está falando, de ser mais prático, mais objetivo, criar figuras. Saber que você está sendo ouvido por dois tipos de torcedores: o vencedor e o vencido. Quem entende, quem não entende. Tem de ser didático.

O trabalho do comentarista é mais desafiador?

É. Primeiro, você precisa conhecer a fundo o esporte sobre o qual está falando, senão perde a atenção do ouvinte. Você tem de ir além do óbvio. Transmitir o que está acontecendo do lado tático, explicar o que está influenciando o lado tático, destacar o comportamento técnico de jogadores que não estão bem, sugerir o que pode ser alterado. E ir adiante, antecipando os desdobramentos: se o time fizer isso, vai ocorrer isso; se não fizer, vai ocorrer aquilo.

Enquanto o locutor está narrando, você sempre está com papel e caneta na mão, anotando tudo?

Isso é fundamental. O jogo de futebol, por exemplo, tem noventa minutos. Você precisa saber quais são as melhores jogadas e descrevê-las. Não se pode estar só como observador. Você vai falar "o time X teve maior domínio de jogo, porque aos 4, aos 8 e aos 15 minutos teve oportunidade com a jogada tal. Agora, a equipe não a transformou em gol por ineficiência de finalização ou falta de sorte por alguns momentos. Bateu na trave, que, ora, está lá pra isso. Agora, isso influenciou o árbitro, que não marcou o pênalti".

Ou seja, fazer uma radiografia?

Tudo com a sua própria opinião, analisado. E tem de tomar posição. Como disse, eu sempre afirmava primeiro "É pênalti", categoricamente, porque me baseava no que tinha visto. Agora, com o advento da TV, muita gente tem medo de tomar posição, a opinião fica no ar. Não tem achismo, porque o árbitro não teve essa opção. Depois, se a TV esclarecer, eu corrijo, mas sou honesto com os meus sentidos. Afinal, para ser honesto, seu comentário tem de ser dado com as ferramentas que você tem ali, na hora.

Você sempre se pautou pela sobriedade e pela análise detalhada?

Claro, afinal estou no limiar do fanatismo. De cada lado podem estar grandes times. Não posso dizer por que um está ganhando sem apontar por que

Com Carlos Alberto Torres e Pelé, durante apresentação do programa *Todas as Copas do Mundo*, produzido pela TV Cultura, em 1974.

Orlando na bancada do SBT, durante a Copa do Mundo de 1994, ao lado de Fátima Bernardes e Osmar de Oliveira.

o outro está perdendo. Preciso esclarecer. Dizer qual a perspectiva de cada um, considerando o aspecto tático. O que está influenciando o resultado. E eu nunca brinquei com a dor do perdedor.

E as provocações com o torcedor, eram ou são comuns?

Para alguns, eram e ainda são. O comentarista dizia: "Um jogo de quinta categoria" ou "o jogador tal não jogou nada". Em minha opinião, jamais poderei desrespeitar um profissional que está ali ganhando seu salário honestamente.

Quando estava entrando no rádio, você via a possibilidade de fazer algo diferente de tudo que vinha sendo feito, algo que marcasse ou criasse um estilo?

Sim. Sempre fui visto como um comentarista técnico, criterioso, respeitador e equilibrado. Bom-senso sempre foi meu norte. Sem ufanismo. Nem conseguiria ser assim.

Em estúdio da TV Cultura, nos anos 1970.

Com Luciano do Vale, nos Jogos Olímpicos de Sidney, Austrália, em 2000.

Com Oliveira Andrade, na Copa do Mundo de 1998.

Com Telê Santana, na Copa do Mundo de 1994.

Você planejou seguir a carreira de comentarista?

Eu analisei que o narrador precisa ter muito peito, muita força, saúde. O futebol é desgastante. Então fui comentar. Também era a melhor forma de falar com o público.

A escrita o influenciou nesse sentido? Suas matérias sempre foram analíticas? O jornalismo que você fazia já trazia alguma característica que indicava que seria um bom comentarista?

De certa forma, sim. Fiz matérias sobre alguns jogos que começaram a destacar o meu trabalho. A primeira foi um São Paulo e Corinthians em 1957, decisão do campeonato paulista no Pacaembu. Oswaldo Brandão de um lado e Bella Gutmann do outro, dois grandes treinadores. Eu fui escalado pela *Gazeta Esportiva* para fazer o jogo, o que não era normal. Era o tipo de jogo reservado para os mais experientes, como Miguel Munhoz, Mazzoni. No fim, escrevi uma reportagem em que já abria com o que definiu o jogo, o que chamamos de um *lead* invertido. Comecei pelo topo tático do jogo, para depois descrever a partida. "Uma inversão de posições feita pelo Bella Gutmann enganou Oswaldo Brandão...!". E por aí fui, até informar sobre o placar de 3 a 1 para o São Paulo. Uma coisa simples, mas muito marcante pra mim. Sempre busquei a diferenciação nas matérias e levei isso para os meus comentários no rádio.

É assim mesmo: você tem de achar o ponto, o toque do que aconteceu no jogo, e levá-lo para o ouvinte. E é isso que sempre tento fazer, principalmente no comentário final. O primeiro comentário, o que antecede a partida, é o mais chato, porque você precisa conjecturar sobre o que pode acontecer no

Com Galvão Bueno, na Copa do Mundo de 1990.

Com Silvio Luiz, na Copa do Mundo de 1994.

jogo, baseado em metonímias. Daí vêm aqueles chavões: "o futebol tem muitas surpresas, você pode cair do cavalo", "clássico é clássico"...

De onde vem o termo "eclético" para definir seu estilo?

Isso ocorreu porque eu estava numa narração de boxe no Pacaembu e iria haver uma partida de basquete, na seqüência, no Ibirapuera. O comentarista de basquete não foi, e me chamaram de improviso. Acabei indo e cumpri bem o papel. E daí ficou. O narrador me apresentou: "O eclético Orlando

Com Luiz Alfredo, na Copa do Mundo de 1990.

Na rádio Trianon.

Duarte estava no boxe, agora está no basquete". Hoje em dia até se justifica mais. Afinal eu fiz dez Olimpíadas e catorze Copas do Mundo.

Como o comentarista escapa das perguntas que não espera?

Tem sempre um jeito de chegar aonde se quer. É só ter habilidade.

É uma parceria que tem de ser muito afinada?

Sem dúvida. O narrador pode complicar a vida do comentarista, dependendo da pergunta que ele fizer, se não for esperada.

E você nunca ficou tenso?

Só quando estreei na Bandeirantes, num jogo entre Corinthians e Fluminense, no Pacaembu. Eu estava muito nervoso, porque a Bandeirantes tinha uma audiência muito grande, sendo a referência na época. Ninguém nunca teve, e acredito que dificilmente terá, uma equipe de esportes tão grande. Depois ainda se anexou à Guanabara.

Quem estava lá?

De imediato, lembro-me de Edson Leite, Pedro Luiz, Mário Moraes, Fernando Solera, Silvio Luiz, Flávio Araújo, Darci Reis, Braga Jr., Alexandre Santos, Claudio Carsughi, Mauro Pinheiro. E quando se anexou à Guanabara, no Rio, tinha Jorge Cury, Oduvaldo Cozzi, João Saldanha.

Ao lado de Cláudio Coutinho, em 1978, no vestiário do Kosmos, em Nova York.

A primeira divisão do rádio esportivo.

Eu cheguei a fazer uma luta de boxe no Japão, em 1963, Éder Jofre e Aoki, pela Jovem Pan, que deu uns 90% de audiência no rádio. Recorde absoluto. Eram 9 horas da manhã, não tem como não ficar nervoso.

Por falar em nomes, quem são os comentaristas que te inspiraram?

Muitos, mas os principais foram Flavio Iazzetti, Álvaro Paes Leme, Ari Silva, Blota Jr., Paulo Planet, Dalmo Pessoa, Claudio Carsughi, Mário Morais, Mauro Pinheiro, Luiz Mendes, José Jorge, João Saldanha, Rui Carlos Ostermann.

E os repórteres de campo, quais você admira?

Outra lista... Ciro José, Reali Jr., Geraldo Blota, Wanderley Nogueira, Fausto Silva, Lucas Neto, Cândido Garcia, Renato Silva, Flávio Adauto, Maltoni, Ângelo Ananias...

Quais foram as maiores dificuldades exercendo o comentário?

A participação de ouvintes, mais recentemente, pode criar algumas saias-justas. Mas a gente vai ficando mais capaz, com maior capacidade de resposta. Quando não tenho condição de falar corretamente, digo que o assunto precisa ser pesquisado. Sempre sou honesto.

Isso melhora sua confiabilidade?

É melhor mostrar que todo mundo pode ser falível. É melhor falhar porque não soube responder do que inventar. Tem gente que arredonda, muda de assunto, a trajetória da história. Não faço, não fiz e não recomendo que se faça.

O que ocorre quando o narrador tenta induzir o comentarista a concordar com ele?

Um de nós dois será punido pela direção, porque a harmonia é tudo.

Não se pode lavar roupa suja com ouvinte...

Jamais. Fica antipático.

Qual o segredo do *timing*, fazer o comentário no tempo certo, sem esticar e, além disso, informar bem?

Você tem de ter o verbo certo, a resposta certa, sem se alongar. Porque às vezes você está no limite. Deve-se ser objetivo, informar e antecipar. Exemplo: "O Corinthians está jogando bem, mas o São Paulo reagiu. Vamos esperar porque o panorama do jogo sempre pode mudar".

É possível melhorar a capacidade de comentar, de analisar uma partida?

Sim, mas isso não se treina, porque cada momento é um episódio novo. O locutor precisa sentir confiança no parceiro, tanto para informar o ouvinte quanto para tomar fôlego para respirar e voltar com outra voz.

Como são programadas as intervenções do comentarista? São a qualquer momento?

A qualquer momento é uma regra, que pode acontecer. Ou senão se combina de quinze em quinze minutos. Isso produz uma expectativa, e o locutor chama: "Orlando Duarte, a opinião que o Brasil quer ouvir". Cria um ambiente. Depois, durante o intervalo, tenho uns dez minutos, sem parar.

Difícil?

Não, sinto-me confortável. Nasci para isso.

Emoções à flor da pele

As novelas que estão hoje na TV devem muito ao rádio. Foi ali que tudo começou. Primeiramente, com as peças de um dia, apresentadas num só horário. Depois foi a vez das radionovelas, cuja duração variava bastante.

A presença de autores cubanos foi bastante grande. A primeira novela, *Em busca da felicidade*, de 1941, era de um cubano, Leandro Blanco, adaptada para o Brasil por Gilberto Martins, e foi transmitida na Rádio Nacional, PRE-8, do Rio de Janeiro. Foi um sucesso, como também a inesquecível *Direito de nascer*, de outro cubano, Feliz Caignet, com tradução e adaptação de Eurico Silva, na mesma emissora. O Brasil chorou com a mãe Dolores e Albertinho Limonta. E o mais incrível foi a duração da história: seis anos! Na hora da transmissão o Brasil praticamente parava. A audiência era total.

Ivani Ribeiro, nascida Cleide de Freitas Alves Ferreira, em São Vicente-SP, foi a primeira mulher a ter um programa diário de radioteatro. Escrevia e produzia uma peça completa por dia. Trabalhava na Bandeirantes. Em 1963, ela foi para a TV e conseguiu produzir novelas empolgantes. *Mulheres de areia* e *A viagem* são alguns dos seus sucessos. Para o rádio suas obras somam mais de 350, um fenômeno. A Bandeirantes ainda teve outras produções, mas, apesar da qualidade dos participantes, não conseguiu fazer esquecer Ivani Ribeiro.

Outro nome maiúsculo, e feminino, descoberto por Otavio Gabus Mendes, foi Janete Clair, que iniciou sua carreira como radioatriz em 1943, na Tupi Difusora de São Paulo. Ela fez de tudo até chegar a produtora de radionovelas. Foi casada com outro astro da produção: Dias Gomes, que, além de dramaturgo, foi também um grande humorista e ator de rádio. Janete Clair foi trabalhar no Rio de Janeiro, justamente na Rádio Nacional, a mais ouvida do Brasil. *Uma escada para o céu* foi o seu primeiro trabalho, e depois disso não parou mais de produzir grandes obras.

Falei de novelistas cubanos, das nossas brilhantes Ivani e Janete, mas é bom dizer que a primeira grande radionovela foi de um brasileiro, Oduvaldo Viana, para a Rádio São Paulo, PRA-5. *Fatalidade* era o nome do trabalho, que marcou pela qualidade do texto e dos artistas.

Muita gente escreveu profissionalmente para o rádio. Foram pessoas que sustentaram um período brilhante das "rádios e lágrimas", como era chamado. Joracy Camargo, autor de *Deus lhe pague*; Teixeira Filho, com quem tive o prazer de conviver na Rádio e TV Cultura, foi também ator; Gilda de Abreu, casada com Vicente Celestino, produziu *O Ébrio*, um sucesso nacional; Osvaldo Molles, na Record, e Renato Murce, no Rio, são outros dois nomes que não se pode esquecer.

George Durst, já falecido, uma das pessoas mais interessantes, inteligentes e amigas que conheci, trabalhou ao meu lado no jornal *O Tempo* e na TV Cultura. Fez muito pelo jornalismo, pelo rádio, pela televisão, e seu nome chegou até o cinema.

THE
RADIO TIMES
THE JOURNAL OF THE BRITISH BROADCASTING CORPORATION
NATION SHALL SPEAK PEACE UNTO NATION
Vol. 38. No. 493. [Registered at the G.P.O. as a Newspaper.] MARCH 10, 1933. Every Friday. TWO PENCE.
'MACBETH'
A broadcast version of Shakespeare's tragedy will be given on Sunday afternoon

A BBC anuncia *MacBeth*, de Shakespeare, em um dos notáveis programas de teatro adaptado para o rádio nos anos 1940.

Eduardo Moreira, Walter Forster, Mario Lago, R. Magalhães Junior também merecem ser lembrados. Quanto a este último, que também escreveu para o teatro, lembro-me de uma comédia agradável sua, *O secretário de Sua Excelência*, que montamos e apresentamos em Rancharia, minha cidade.

Uma passagem curiosa a respeito de Mario Lago, outro gênio do rádio e da TV. Ele tinha de adaptar e cuidar da tradução de *Presídio de mulheres*, de um novelista cubano. No final, quiseram alongar a história e acabou ficando uma radionovela de dois povos. Foi um tremendo sucesso e ficou no ar por mais de cinco anos.

Em 1959, com o sucesso das radionovelas, dom Helder Câmara quis que a Rádio Nacional produzisse, para a Semana Santa, a Paixão de Cristo. A emissora mais ouvida do Brasil organizou-se para isso. Foram quatro episódios, e o primeiro foi ao ar em 27 de março. Formou-se uma cadeia de emissoras de todo o país, e a obra *Vida e Paixão de Cristo* marcou época, com um elenco de primeira categoria.

Não pode passar sem registro o “Teatro Manuel Durães”, um ícone da dramaturgia no rádio. Seu sonho era ser artista, mas teve de aprender a lidar com vários “nãos” para a sua pretensa carreira. Mais tarde, sem desistir de sua vontade maior, fez um piloto e entregou a fita com mais de trinta vozes diferentes, sob o pseudônimo de Roberto Torres, para o diretor artístico da Rádio Record, Armando Rosas. E foi aprovado, para mais tarde trabalhar com Adoniran Barbosa.

Bastidores

Sabe qual a razão do Abelardo Barbosa, que ficou conhecido como Chacrinha, usar a buzina no seu programa? Esse inesquecível comunicador foi grande amante do cinema e gostava muito dos Irmãos Marx, principalmente do Zeppo, que fazia o mudo e usava uma buzina para se fazer ouvir. Abelardo "Chacrinha" Barbosa gostou disso e passou a usar em seu programa. Impossível lembrar de Chacrinha sem atrelar sua imagem às buzinadas que ele não poupava de tocar. Os irmãos Marx foram comediantes de teatro, cinema e televisão da década de 1920.

O "Trio de Osso" do rádio, formado por Lamartine Babo, Yara Salles e Herber de Boscoli, era chamado assim por todos serem muito magros. Um dia o trio ficou ameaçado: Lamartine Babo engordou muito...

A primeira locutora de rádio foi Maria Beatriz Roquette-Pinto, filha do Roquette-Pinto, pela PRA-2. A. A primeira mulher a produzir programas para o rádio foi Sarita Campos, pela Tupi de São Paulo. O primeiro locutor, seguindo a linha dos primeiros do rádio, foi justamente Roquette-Pinto, também o primeiro comentarista. Ele apresentava e comentava, para o *Jornal da Manhã*, em 1923, os jornais impressos.

Sabe quem tinha, no início das transmissões da Rádio Record, um programa pioneiro de entrevistas? Monteiro Lobato, o grande escritor brasileiro, que escreveu, entre outras maravilhas, *O sítio do Pica-Pau Amarelo*. Monteiro Lobato entrevistava políticos, e seu programa era de fundo educacional.

A "Hora do Brasil", informativo oficial, foi criado em 1935, e segue até hoje como *Voz do Brasil*. Quem o oficializou foi Getúlio Vargas, em 7 de setembro de 1938.

Em 1948 o humorista Chico Anysio participou de um concurso para locutor e ator, na Rádio Guanabara, do Rio de Janeiro. No teste ficou em segundo lugar. Em primeiro classificou-se o futuro apresentador de televisão Silvio Santos.

O rádio sempre deu apelidos aos seus artistas. Um deles, para Aracy de Almeida, "Dama da Central", tinha lógica. Aracy tinha pavor de viagens aéreas e fazia Rio–São Paulo–Rio nos trens confortáveis da Central do Brasil.

Quando a Rádio Nacional surgiu, em 12 de setembro de 1936, tinha sob contrato 10 maestros e 124 músicos. A emissora chegava para ser líder em música, humor, notícia, esporte. E foi.

As novelas do rádio viviam das vozes dos bons artistas, mas logicamente dependiam da sonoplastia. Era preciso ter uma equipe muito boa. Nos estúdios de sonoplastia, para produzir os mais variados sons, na transmissão das novelas, tudo valia. Ramos secos, coqueiros e apitos de contramestre de veleiro eram da parte exótica, que produzia os ruídos: o cavalgar dos cavalos, as tempestades, ruído de veículos, portas que se abriam e fechavam, tudo para levar ao ouvinte o som do que estava acontecendo. Podemos dizer que o valor de uma novela tinha muita relação com a sonoplastia. Regis Cardoso, ex-diretor de novelas da Rede Globo, foi um grande sonoplasta no rádio, filho da atriz Norah Fontes. Em casa o ouvinte imaginava acontecimentos verdadeiros.

A Rádio Sociedade Gaúcha, a primeira da cidade de Porto Alegre, foi fundada em 19 de novembro de 1927. Fazia as primeiras transmissões, ao vivo, com os locutores segurando o microfone perto de onde saía o som. Foi pioneira no Brasil, com artistas, ao vivo, em suas transmissões.

Ademar Casé, avô de Regina Casé, foi uma figura maiúscula do rádio brasileiro. Faleceu com 90 anos, em 1993. Entre outras coisas, produziu o primeiro *jingle* para o rádio. Estava na Rádio Phillips e seu programa era de grande audiência, com muitas atrações. Só parou quando a empresa Phillips abandonou o meio radiofônico, pois pertencia à marca holandesa de produtos para o rádio. A Phillips virou Rádio Nacional e chegou a ser oferecida por 50 contos de réis a Casé, que não conseguiu levantar tal importância.

Cesar Ladeira, um dos maiores locutores desse país, nasceu em Campinas e comprometeu-se de corpo e alma com a Rádio Record. Terminada a Revolução de 1932, ficou preso por dezesseis dias. Resolveu ir para o Rio, a fim de trabalhar na Rádio Mayrink Veiga, e lá foi um sucesso.

Em todo o Brasil muita gente do rádio tentou a política, com sucesso. Tivemos até senadores eleitos, além de deputados, vereadores e... governadores. Em São Paulo disputaram Blota Jr., Paulo Planet Buarque, Manoel da Nóbrega, Aurélio Campos, Ari Silva, Helio Ansaldo, Jacinto Figueira Jr., Homero Silva, Fausto Rocha, Gioia Junior, Osvaldo Bétio, Paulo Barbosa Filho, Ari Falconi, Urbano Reis, Afanásio Jazadji e muitos outros. Há nomes de ruas, praças e viadutos, em São Paulo, em homenagem a radialistas e jornalistas. Alguns exemplos: Vicente Leporace, Carlos Spera (onde se situam a Rádio e TV Cultura), Kalil Filho, Corifeu de Azevedo Marques, Fernando Vieira de Melo, Roberto Marinho, etc.

A primeira mulher a transmitir futebol foi Claudete Troiano, ainda em atividade na TV. Foi uma experiência de um grupo de mulheres e por algum tempo não deixou de registrar a presença delas competindo com os homens.

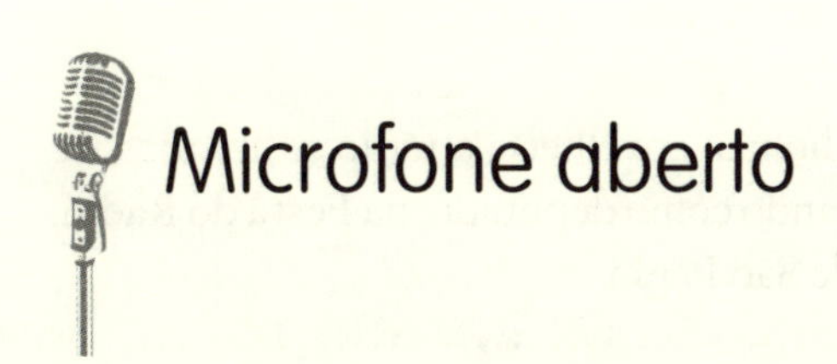

Microfone aberto

Procópio Ferreira: "O homem é o único animal que ri; por isso os burros não gostam do humor". Em *Um show de rádio: a vida de Estevam Sangirardi*, Carlos Coraúcci. São Paulo: A Girafa, 2006.

Januário Carneiro: "O rádio não enche os bolsos, enche o coração". Em *Uma paixão chamada Itatiaia*, Eduardo Costa & Kao Martins. Belo Horizonte: Tamoios, 2002.

Nicolau Tuma: "Vai lá, radialista...", ao criar o termo "radialista". Depoimento à Rádio Jovem Pan, na Semana do Rádio de 1976.

João Saad: "Vamos fazer tudo de novo, eu e a nossa equipe...", por ocasião de um incêndio na sua TV Bandeirantes. Depoimento aos jornais dias depois do incêndio da TV Record, em 29 de julho de 1963.

Marshall McLuhan: "O rádio é o símbolo da nova revolução nos meios de comunicação, conduzindo uma mudança entre os povos". Em *Revolução na comunicação*, Edmund Carpenter & McLuhan Marshal (orgs.). Rio de Janeiro: Zahar, 1968.

"Aspone", falando ao presidente Rodrigues Alves: "O padre Landel de Moura é um louco!". Rodrigues Alves acreditou – e a Igreja também –, e o Brasil perdeu a paternidade do invento do rádio. Autor desconhecido.

Roquette-Pinto: "Entrego esta rádio com a emoção com que se casa um filho...", ao entregar para o governo a sua PRA-2. Em *Histórias que o rádio não contou*, Reinaldo C. Tavares. São Paulo: Negócio, 1997.

Afanásio Jazadji: "O rádio não envelhece, o rádio se atualiza, se sofistica tecnicamente". Falando como deputado, na Festa do Rádio, na Assembléia Legislativa de São Paulo.

Mario Vargas Llosa: "Apenas me via no umbral da sala, me ordenava silêncio com um dedo nos lábios, enquanto permanecia inclinada para o aparelho de rádio, como para poder não só ouvir, mas também cheirar, tocar a (trêmula ou ríspida ou ardente ou cristalina) voz do artista boliviano... E em minha própria casa, meus avós, que sempre haviam tido 'afeição pelas novelitas', como dizia avó Carmem, agora haviam contraído uma autêntica paixão radioteatral...". Trecho de *Tia Julia e o escrevinhador*, Mario Vargas Llosa. Barcelona: Seix Barral, 1977.

Clarice Lispector: "Todas as madrugadas ligava o rádio emprestado por uma colega de moradia, Maria da Penha, ligava bem baixinho para não acordar as outras, ligava invariavelmente para o rádio-relógio, que dava 'hora certa e cultura' e nenhuma música, só pingava em som de gotas que caem – cada gota de minuto que passava. E, sobretudo, esse canal de rádio aproveitava intervalos entre as tais gotas de minuto para dar anúncios comerciais – ela adorava anúncios. Era rádio perfeita, pois, também entre os pingos do tempo, dava curtos ensinamentos dos quais talvez algum dia viesse precisar saber. Foi assim que aprendeu que o Imperador Carlos Magno era na terra dele chamado Carolus. Verdade que nunca achara modo de aplicar essa informação. Mas nunca se sabe, quem espera sempre alcança. Ouvira também a informação de que o único animal que não cruza com filho era o cavalo. – Isso, moço, é indecência para o Rádio". Trecho de *A hora da estrela*, 5ª ed., Clarice Lispector. Rio de Janeiro: José Olympio, 1979, p. 11. Em *O mito no rádio: a voz e os signos de renovação periódica*, Mônica Rebecca Ferrari Nunes. São Paulo: Annablume, 1993.

Renato Murce: "Dediquei a maior e melhor parte da minha vida ao rádio. Eu amo o rádio, que é a voz do infinito...". Em *Bastidores do rádio: fragmentos do rádio de ontem e de hoje*, Renato Murce. Rio de Janeiro: Imago, 1976.

Berilo Neves: "O rádio é a onipotência feita som. Outrora os deuses falavam aos homens, do alto temeroso dos céus. Quem possui um aparelho de rádio é um dominador do mundo, que não precisa sair de casa para ter aos seus pés, obediente e dócil, toda a vida do planeta". Baseado em trecho extraído de *Caminho de Damasco (crônicas e fantasias)*, Berilo Neves. Rio de Janeiro, Civilização Brasileira, 1939.

Berilo Neves fala mais: "O rádio é a ciência e a arte postas ao alcance de todas as almas. É a civilização trocada em miúdos". Em *Caminho de Damasco (crônicas e fantasias)*, Berilo Neves. Rio de Janeiro, Civilização Brasileira, 1939.

Bertolt Brecht: "O rádio seria o mais fabuloso meio de comunicação imaginável na vida pública, constituiria um fantástico sistema de canalização, se fosse capaz, não apenas de emitir, mas também de receber. O ouvinte não deveria apenas ouvir, mas também falar; não se isolar, mas ficar em comunicação com o rádio. A radiodifusão deveria afastar-se das fontes oficiais de abastecimento e transformar os ouvintes nos grandes abastecedores". Em "Teoria do rádio 1927-1932", em *Revista da USP*, publicação especial sobre o rádio, 2002-2003, p. 85.

Rádio de galena

Quando da implantação do rádio no Brasil, na década de 1920, o acesso a ele era praticamente limitado aos programas gerados para alto-falantes das praças públicas. Não havia fábricas no país, e importar um aparelho receptor era quase impossível e muito caro. Uma das alternativas foi construir o galena.

O que é isso? Trata-se de um aparelho artesanal feito de maneira simples – para quem o inventou e para nós que o vemos. Não se usam pilhas, tampouco válvulas ou mesmo transmissores. Galena – segundo os gregos, a pedra que tem a cor da água do mar – é um cristal, composto por sulfeto de chumbo e prata, que é a base da transmissão. O rádio de galena é um aparelho primitivo, que usa esse cristal e, como detector, capta transmissões de estações muito próximas.

O rádio de galena, com seu cristal azul, capta a energia sonora e a transmite para a bobina, com fio de cobre. Para sintonizar as emissoras, basta girar o botão condensador variável. O antigo radinho só capta o sinal das torres emissoras que estejam próximas ao local da recepção.

Para boa recepção sonora é importante usar fones de alta impedância, os antigos, ou cápsulas de telefones. Os fones modernos, de baixa impedância, não servem para o galena. Tomadas para fio-terra e antena são os geradores de energia.

Alberto Brim Filho, hoje funcionário da Rádio Jovem Pan em São Paulo, conta que o galena é o princípio de tudo. Seu maior *hobby* sempre foi a confecção desses aparelhos para os interessados. Todos funcionaram e continuam funcionando.

O cristal galena só é encontrado hoje na Bahia e em Minas Gerais. Quando surgiu a primeira fábrica de rádios em São Paulo, na década de 1940, começou a desaparecer o radinho galena.

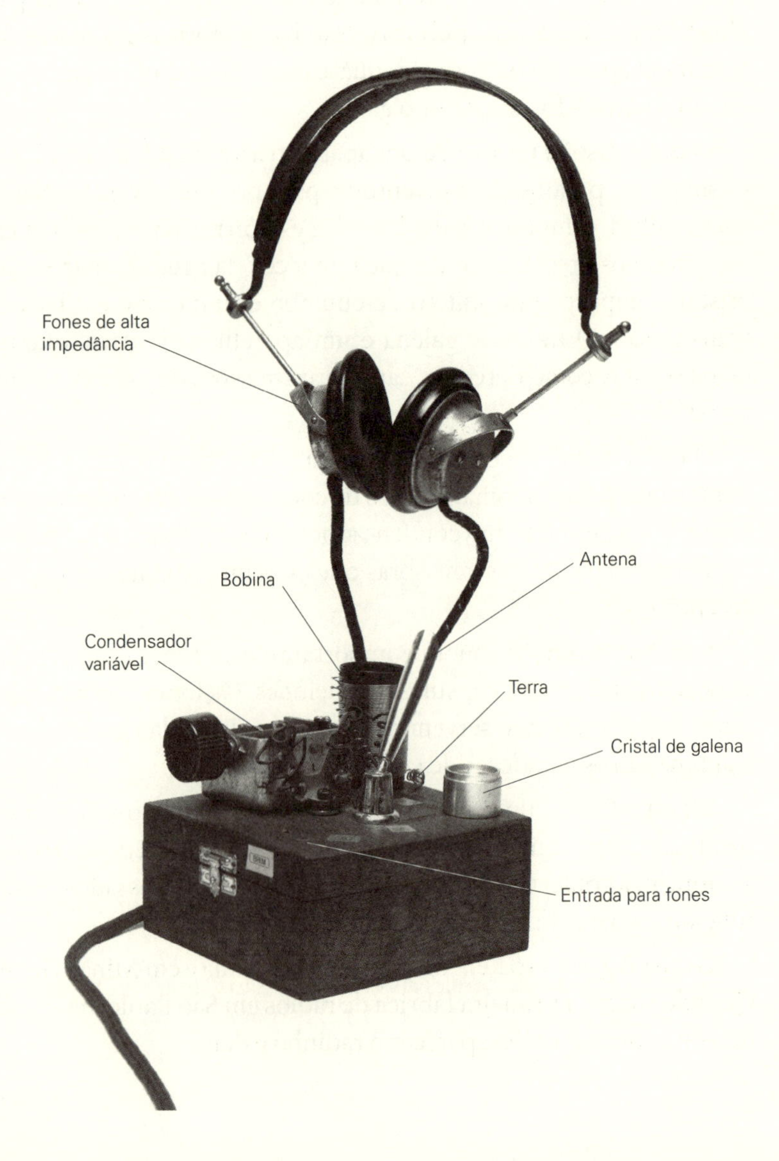

Rádio de galena construído por Alberto Brim Filho.
Foto: Claudio Wakahara

Referências bibliográficas

ARAÚJO, Flávio. *O rádio, o futebol e a vida*. São Paulo: Editora Senac São Paulo, 2001.

BARBEIRO, Heródoto & RANGEL, Patrícia. *Manual do jornalismo esportivo*. São Paulo: Contexto, 2006.

BUARQUE, Paulo Planet. *Uma vida no plural*. Rio de Janeiro: Companhia Editora Nacional, 2003.

COSTA, Eduardo & MARTINS, Kao. *Uma paixão chamada Itatiaia*. Belo Horizonte: Tamoios, 2002.

CARDOSO, Tom & ROCKMANN, Roberto. *O marechal da vitória: Dr. Paulo Machado de Carvalho*. São Paulo: A Girafa, 2005.

CORAÚCCI, Carlos. *Um show de rádio: a vida de Estevam Sangirardi*. São Paulo: A Girafa, 2006.

FANUCCHI, Mário (org.). Em *Revista da USP*, edição especial dos 80 anos do rádio no Brasil, 2006.

FERREIRA NUNES, Mônica Rebecca. *O mito no rádio: a voz e os signos de renovação periódica*. São Paulo: Annablume, 1993.

MURCE, Renato. *Bastidores do rádio: fragmentos do rádio de ontem e hoje*. Rio de Janeiro: Imagino, 1976.

RADIODIFUSÃO NO MUNDO E NO BRASIL. Em *Abert-Informativo*, 1969.

SAMPAIO, Walter. *Teoria e prática de jornalismo no rádio*. Petrópolis: Vozes, 1971.

SOARES, Edileuza. *A bola no ar*. São Paulo: Summus, 1994.

TAVARES, Reynaldo C. *Histórias que o rádio não contou*. São Paulo: Negócio, 1997.

TABORELLI, Giorgio. *Ícones do século XX*. São Paulo: Editora Senac São Paulo, 1999.